JN048769

絶対に民主化しない

中国の歴史

Chinese History

井沢元彦

Motohiko Izawa

KADOKAWA

目次

装丁　大原由衣

序論

罠に掛かった宮沢喜一元首相

中華人民共和国（中国）こそ世界平和の最大の脅威である。

このことについては最も親中派だと言われていた朝日新聞ですら最近、少しは気がついているようだ。今、世界の平和を大いに乱しているロシアについても、中国は自国の利益しか考えず後押ししようとする姿勢すら見える。

ここで改めて考えてみよう。中国をここまで増長させ、図に乗らせた責任は一体どこにあるのか？

日本において、もちろんそれは親中派とも言うべき朝日や毎日あるいはＴＢＳなどの大手マスコミ、また同じく親中派の社会民主党などの野党勢力であり、さらには中国べったりの左翼系文化人の仕業だ、と多くの人が考えるかもしれない。しかし彼らの言論の影響力は侮り難いとはいえ、実はそれ以上責任のある団体そして個人がいる、と言えばあなたは驚くだろうか。

それは自由民主党（自民党）であり、その総裁でもあった宮沢《みやざわ》喜《き》一《いち》元首相（一九一九〜二〇〇七年、第七八代日本国総理大臣）なのである。意外かもしれないがこれはまったくの事実だ。

天安門《てんあんもん》事件（一九八九年）については説明不要だろう。もしご存じなければぜひインターネット等で調べていただきたい。要するに中国共産党が民主主義勢力を力で弾圧し、世界の支持を失った大事件である。あの時の中国はまさに今のロシアのように世界中の非難を浴び、まともな国家は中国を相手にしようとしなくなった。自由主義国家グループの強力な経済制裁で、事実上、中国は世界から封じ込められた。そのまま行けばジリ貧となって国としては崩壊したかもしれない。

ところが、あの国を指導している中国共産党というズルがしこい連中は、その窮地を脱するために悪知恵を絞ったあげく、目をつけたのが日本だった。お人好《よ》しの日本をうまく騙《だま》して国際社会への復帰を図ろうと考えたのである。当時の最高指導者、江沢民《こうたくみん》国家主席は、宮沢首相に日中友好促進のためなどとおためごかしを言って、天皇の訪中を要請した。自由主義国家グループの一員である日本の天皇が中国訪問に踏み切れば、中国の国際的信用が回復し国際社会に復帰できると考えたのである。

この策略にまんまと引っかかったのが宮沢首相だった。日中友好の美名に隠された中国共産党の罠《わな》に、この人はまんまと乗せられてしまった。中国との貿易でおおいに儲《もう》けようなどという卑しい欲望に目がくらんだのかもしれない。とにかく、宮沢首相は国内の反対を押し切って一九九二年一〇月、天皇訪中を実現し、この天皇の「政治利用」の結果、欧米諸国は中国を見直し再び国際社会に迎え入れるようになった。つまり日本は中国の窮地を救った大恩人となったのである。

ではその大恩人の日本に対して中国は何をしたか。まず国際社会への復帰で得た大きな経済的利益を、国内では反日教育の強化に使った。中国国民の中国共産党への不満をそらすために、教育で日本を「極悪人」に仕立て上げたのだ。そして国外的にはそのカネで海軍力を充実させ、尖《せん》閣《かく》諸島へ執拗《しつよう》な干渉を繰り返すようになり、揚げ句の果てには「一帯一路」などと称して世界制覇まで目指すようになった。再度強調しておくが、そうなったきっかけは宮沢首相の愚かな決断にある。

それにしても、なぜ中国は大恩ある日本に感謝しないのか。立場が逆なら日本は常に中国への感謝を表明し続けるだろう。「恩」という言葉自体そもそも中国語ではなかったのか。

その理由を解明し、合わせて中国の脅威を解明するのが本書の目的である。

日本歴史上三本の指に入る愚者

「恩」という漢字（概念）を産みながら、おそらく世界の歴史上でも唯一の恩知らずの国家になった中国。その事実を認識するために、われわれ日本人が決して忘れてはいけない日付がある。

一九九八年（平成一〇年）一一月二六日。それは国賓として招かれた中国の江沢民国家主席（当時）の歓迎のため、天皇（現上皇）主催の宮中晩餐《ばんさん》会が開かれた日だ。

前に述べたように、天安門事件で国際的に孤立した中国を窮地から救ったのは日本であった。しかもそれに最も貢献したのは天皇訪中である。つまり中国としては日本と天皇におおいに感謝すべき場であったはずだ。ところが江沢民は一言も感謝せずに、逆に過去の日本軍国主義を非難した。中国は日本のおかげで、その日本を抜く大経済国家に発展した。にもかかわらず江沢民は、その経済的余力を中国共産党への不満を取り除くための反日教育に回し、この晩餐会でさらに反日的姿勢を露《あら》わにした。そうしないと、国内で実行している徹底的な反日教育と整合性が保てないからでもある。

こうした中国の傲慢《ごうまん》で非礼な態度に絶望し祖国を捨てた学者で評論家の石平《せきへい》氏は、著書『中国共産党　暗黒の百年史』（飛鳥新社刊）において、江沢民は晩餐会のスピーチで「日本軍国主義は対外侵略の誤った道を歩んだ」云々《うんぬん》と天皇陛下の前で公然と日本批判を行い、「日本国と天皇陛下の両方を侮辱した」と述べている。この「無礼千万の振る舞い」について、中国が反省したり謝罪したりしたことは一度もない。

現在も日中友好を推進すべきだとか、習近平《しゅうきんぺい》国家主席を国賓として招こうとする日本人がいるが、私はそうした人の頭の中身を覗《のぞ》いてみたいとすら思っている。

二〇二二年三月末、岸田《きしだ》文雄《ふみお》首相は防衛大学校の卒業式訓示で「力による一方的な現状変更を、インド太平洋、とりわけ東アジアにおいて、決して許してはなりません」と述べた。しかしおわかりだろう、中国は公然と国家の代表を侮辱してもこずへラヘラ笑って友好を求めて来る日本など、ウクライナに比べて簡単に潰《つぶ》せると思っているはずだ。ちなみに岸田首相の出身派閥は宏池《こうち》会《かい》系、つまり宮沢喜一直系である。

それにしても天皇訪中を決断した宮沢首相の決断は、日本歴史上三本の指に入る愚かな判断だった。日本の首相の中でもきわめつきの愚者だったということだ。ところが、この人は「東大法学部出身でなければ大学出と認めない」というとんでもない偏見の持ち主であった。これは「宮沢時代」なら誰でも知っていた常識である。また英語は極めて堪能《たんのう》であった。私の想像だが、どうやらその学歴と英語力を鼻にかけ、自分のことを「日本一頭の良い人間」と思い込んでいたのではないか。

実はそういう人間こそ一番騙しやすい。その手の傲慢な人間は、自分を騙すような知能の持ち主など存在しないと考えるからだ。しかし実際にこの人が中国に騙されたのは歴史上の事実である。そこで皆さんは一つ疑問がわかないだろうか。私は「エリートもどき」と呼んでいるが、どうしてこんな人間が出てくるのか。実は中国がきわめつきの恩知らずになったことも、宮沢首相がこうなったのも、根源の原因は一つである。

それは儒教という、孔子《こうし》の「始めた」宗教にある。

孔子

『論語』で知られる中国最大の聖人

すべてはこの男から始まった。

孔子《こうし》とは「孔先生」という意味だ。姓は「孔」名は「丘《きゅう》」で孔丘というのが本名である。しかし誰も呼び捨てにしたりはしない。中国なるものを形成した最大の聖人であるからだ。

紀元前五五二年に生まれ紀元前四七九年に死んだ。この時代で七〇歳を超えるまで生きたということは、頑健な体の持ち主であったようだ。またこの時代、日本は影も形もないが中国もなかった。中国とはあの大陸を一つにまとめた巨大国家のことを指すので、そうした大帝国が出現するには秦《しん》の始皇帝《しこうてい》の統一を待たねばならなかった。それは紀元前二二一年のことで、孔子の時代はこれよりはるか昔である。

この時代、後に中国を築き上げる漢民族は中小国家の分立の状況にあり、孔子はその中の小国「魯《ろ》」の貴族の子として生まれた。ただし次男で幼い頃に父に死なれたため、家は貧しく大変な苦労をして学問を身につけた。その学問で「中国」全体で名声を得たというのだから、極めて優秀な人間だったと分かる。五〇歳代までは母国の魯王を助けて実際に政治に携わったこともあったようだが、その後は各地を放浪し多くの弟子を育成した。

その弟子たちが生前の孔子の名言を中心にまとめた、孔子の「言行録」（言葉と行動の記録）が『論語《ろんご》』である。正確には弟子の弟子、つまり孔子から見て孫弟子あたりの編集だというが、その冒頭は次の言葉で始まっている。

「子《し》曰《いわ》く学んで時に之《これ》を習う。亦説《またよろこ》ばしからずや。朋《とも》有り、遠方《えんぽう》より来たる、亦楽しからずや。人知らずして慍《いき》どおらず、亦君子《くんし》ならずや」

原文は漢文だが、これを読み下したものである。「子」とは孔子の略、つまり「子曰」とは「孔先生はこのようにおっしゃった」という意味で、次の一句は「学習」という言葉の語源だが「まずは学んで復習する。ここに喜びがあるし、さらには友人が遠くから（学問を深めるために）訪ねて来ることも楽しい」ということだ。また続きの部分は「他人（世間）が自分（孔子自身）を知らなくても（評価しなくても）決して怒らない、それが君子《くんし》というものだよ」ということで、君子とは本来は身分の高い人を示したが、孔子は立派な人間の意味で使うことが多い。

たとえば同じ『論語』の中に「君子は義に喩《さと》り、小人《しょうじん》は利に喩る」という孔子の言葉がある。これは「立派な人間は物事の道理を理解するが、愚かな人間は損得しかわからない」という意味で、小人とは君子の反対語なのである。

この冒頭の一句は原文で書けば「子曰、学而時習之」となるので、この章のことを「学而篇《がくじ》」あるいは番号を付けて「学而第一」などと呼ぶ。ちなみに篇（編）は全部で二〇ある。「学而第一」から「堯曰《ぎょうえつ》第二十」までの二〇篇を通読すると、孔子の温厚で誠実で弟子を大切にする親しみやすい人柄に多くの人は魅了される。昔から日本も含めて世界中に「孔子ファン」が多いのもそのためで、だからこそ多くの人が、こんな好人物の言行がなぜ「恩知らず」や「エリートもどき」を産む起点になったのか理解できない。しかし、それこそが宗教の持つ「恐ろしさ」なのである。

開祖の自覚なき謙虚な人柄

孔子の儒教は、イエスが「開祖」のキリスト教と比較すると理解が早いかもしれない。

『論語』は孔子の弟子たちがまとめた師の言行録であるように、『新約聖書』もイエスの弟子たちが記録した師の言行録である。それを読めば師の教えと共に、その一生がたどれる仕組みになっている。そして孔子が後の人々によって儒教の開祖とあおがれたように、イエスは後の人々によってキリスト教の開祖とされた。

まったく違うところもある。孔子はあくまで自分が人間だという立場を崩さず、後の人々も孔子を聖人と考えたが基本的には神にはしなかった（神格化された時代もある）。逆にイエスはその生涯の最後に「死からの復活」という奇蹟《きせき》を成し遂げたため、人ではなく神（＝キリスト）になった。孔子は来世や死後の世界については一切言及しなかったが、それを積極的に語ったのがイエスだった。また『論語』には孔子は老先生として登場するのに対し、『新約聖書』のイエスはあくまで若者である。

孔子とイエスには「人」と「神」という絶対的な違いもあるのだが、それでも同じようなことを述べているのが興味深い。イエスは「己の欲するところを人に施せ（自分がしてもらいたいことを他人にしてあげなさい）」と述べた。これは「キリストの黄金律」と呼ばれ、欧米では誰でも知っているイエスの名言である。だが孔子はそれより数百年前、すでに「己の欲せざる所を人に施すなかれ（自分が望まないことは他人にするな）」（顔淵《がんえん》第十二）と述べていた。ほとんど同じことだが否定形つまり裏返しに言っているのが面白い。東洋と西洋の違いに通ずるものがあるのかもしれない。個人的感想だが、私としてはイエスより孔子に従いたい。自分の好きなことが相手も好きだとは限らないからだ。

さて『新約聖書』に登場するイエスは多少エキセントリックなところもあるが、おだやかに人々に接し、情熱的に愛を説く実に素晴らしい存在である。にもかかわらず、それから一〇〇〇年以上の月日が経つと、たとえばスペインでは異端審問といってキリスト教徒を同じキリスト教徒が拷問して死に至らしめていたし、フランスでもキリスト教徒（カトリック）が同じキリスト教徒（ユグノー）を襲撃し、大人だけでなく赤ん坊まで皆殺しにしていた（聖バルテルミの虐殺、一五七二年）。どうしてこうなるのか。一口には言えないが、ごく簡単に言うなら「宗教の恐ろしさ」ゆえなのである。

孔子は謙虚な人柄であった。彼自身には儒教の開祖などという自覚はまったく無かった。「述べて作らず、信じて古《いにしえ》を好む」（述而《じゅつじ》第七）と言っている。これも「著作」と「著述」という言葉の語源である。まったく新しいことを作り出すことを著作と言い、それを保護する権利として現在「著作権」がある。それに対して昔からの考えを紹介することを著述と言った。つまりオリジナリティーは無いという意味だ。

これはもちろん孔子という人の謙虚な性格が生み出した謙遜《けんそん》なのだが、彼を聖人に祭り上げた人はそうはとらなかった。むやみに新しいことを考えてはならない、それよりも本当の知恵や真実は過去にあるのだから、過去の事例を徹底的に研究しマスターすることが人間として最高の道である、と後世の人間は考えるようになったのである。

つまりは過去の事例に精通し「クイズ王」になること——これが聖人への道だということだ。

想定外に対応できない試験秀才

読者の皆さんはエリート教育とは何だとお考えだろうか。

「未曾有《みぞう》の事態」という言葉がある。若い人にはあまり聞きなれない言葉だろうが、本当はもっと使うべき言葉でもある。それは現代風に言えば「想定外の事態」だからだ。

プーチン・ロシアのウクライナへの全面侵攻もそれに当たるかもしれない。ロシアがウクライナに侵攻することは多くの人が予想していた。しかしそれは、ウクライナから分離独立を宣言した東部の州をロシア領に編入する目的であり、まさかウクライナ全土を支配するための侵攻になるとは誰も考えなかった。私自身も予測できなかった。

しかしそうした「想定外の事態」に対しても、政治家は真っ先に対処しなければならない。ウクライナのウォロディミル・ゼレンスキー大統領はよくやっていると言えるだろう。

前に「著作」と「著述」の違いについて述べたが、「想定外の事態」に対してはまったく新しい方策を作って対抗していかねばならないから、これは「著述」ではなく「著作」である。政治分野だけではなく、物理学や化学や医学あるいは映画であっても音楽であっても同じで、現代社会で求められているのはクリエイティブな才能、つまりオリジナルを作る能力である。

このように考えれば、日本のエリート教育は極めて異常であることに気が付く。なぜなら、予備校の繁盛を見てもわかるように、日本の教育は大学入試に強い「試験秀才」を育成するのが主目的になってしまっている。言うまでもなく、試験はすべて過去の分野から出題される。したがってこのような教育の下では、想定外の事態に臨機応変に対応できる人材より、過去の出来事に精通している人間の方が評価されてしまう。わかりやすく言えばゼレンスキー大統領よりクイズ王が英雄となる世界になってしまう。

試験秀才には問題が多い。たとえば現代日本では、運転免許なども含めれば試験を受けた経験が無い人間はおそらくいないだろう。では、あなたが何らかの試験の経験者だとして、大学入試でも英検でも何でも良いのだが、ペーパーテストをこれから受けようとする人間にアドバイスできることがひとつあるはずだ。

それは簡単な問題から先に解き点数を稼いで、次に難しい問題をやれということで、端的に言えば「難しい問題は先送りしろ」ということだ。つまり試験秀才という「先送りの名人」を重んじる国家では、難しい問題を先送りにする人間が、国家の要職についてしまう。

本当に国家に期待されるエリートとはこの逆でなければならない。人が嫌がること、避けて通ることを、率先して解決しようとする人間を育てることが、実はエリート教育のもう一つの眼目なのである。

ところが過去のデータにだけこだわる国では、優秀な官僚は育つが本当のエリートは育たない。試験秀才全盛の世界では試験の成績がすべてだから、日本を例にとればその頂点にある東大法学部を卒業した人間でなければエリートとは言えないことになる。しかも彼らは試験の成績がすべての基準なので、東大法学部を出ていない人間を、自分より頭が悪いと思い込む。だから宮沢《みやざわ》首相のような「エリートもどき」が生まれてしまう。

おわかりだろう。すべては「述べて作らず」から始まっているのである。

日本が亡国の道を歩んだ理由

念のため、お断りしておくが、私は「試験秀才」や官僚は社会にとって必要ない、と言ってはいない。国家の運営には過去の事例に精通している彼らの存在は必要不可欠だ。ただ彼らは想定外の問題には対応できないので、あらかじめ対応できる人間を育成しておくことこそ国家の仕事であり、エリート教育とはそういうことだと申し上げているのである。

織田信長《おだのぶなが》は身分制度にとらわれず実力のある人間を抜擢《ばってき》できる優秀な君主だった。だからこそ、最下級の兵士から出発した木下藤吉郎《きのしたとうきちろう》（豊臣秀吉《とよとみひでよし》）も大将に抜擢された。それから三〇〇年後の大日本帝国陸軍はこういう人事ができなかった。陸軍大学卒でないと、どんなに優秀な人間でも絶対に大将（正確には少将以上）になれない。つまり帝国陸軍も試験秀才偏重の組織だったのだ。

トップになれる陸軍大学出の幹部たちの多くはドイツ留学組だった。ドイツ語が堪能《たんのう》でドイツの要人たちとも通訳無しで話せる。また試験秀才だから自分が誰よりも頭がいいと思いこんでいる。そういう連中は、外部の人間が「ドイツと同盟を結ぶなど危険ですよ」などと忠告しても耳を貸さない。内心「ドイツ語も話せないくせに何を言うか」と思っているからだ。

つまり、語学の才能を鼻にかけた試験秀才によって戦前の日本は亡国の道を歩んだのである。もうお気付きだろうが、彼ら戦前の陸軍軍人と戦後の宮沢喜一《みやざわきいち》首相とは、まったく同類の「エリートもどき」なのである。おそらく宮沢首相はこうした連中を馬鹿にしていただろうが、実際は「仲間」だった。こういうことに気が付くことを「歴史に学ぶ」という。

それにしても、完全な実力主義でなければならないはずの軍隊ですら、学歴主義つまり試験秀才偏重になっていたことを、われわれ日本人はもっと肝に銘じなければいけない。そうしなければ将来また同じ過ちを繰り返すことになるからだ。もっとも信長の例を見てもわかるように、日本は昔から試験秀才偏重の国であったわけではない。そうなったのは実は明治維新からで、あの時われわれの祖先は身分にとらわれずに人材を選ぶために(それ自体は結構なことなのだが)、ペーパーテスト絶対の国にしてしまったのである。

その弊害はもうおわかりだろう。ただし日本がこういう国になってしまってから、たかだか百数十年の伝統しかない。ところが海の向こうの中国は一〇〇〇年以上こうした伝統が続いていた。それもおわかりだろう、すべて「述べて作らず」から始まっている。

「作らず」と言うくらいだから孔子には自分が「儒教の開祖」という意識は無かった。開祖なら「新しいものを作った」ことになるからだ。同じ民族の先輩たち(この時代には中国あるいは漢民族という言葉はまだ無かった）の道徳や文化を再認識し、後世に伝えていこうというのが孔子の姿勢である。

では、のちに漢民族と呼ばれる彼らがもっとも重視した道徳とは何だったのか。

それは「孝《こう》」である、わかりやすく言えば親孝行のことだ。古代「中国」人はこれを最も重要なすべての道徳の柱にしていた。なぜそうなのか？　彼らはある意味で究極のリアリストであり合理主義者であったからだ。

では合理主義と親孝行はなぜ結びつくか？　ここが中国宗教史の最も重要な部分である。

「人格神」を否定した古代中国人

さて、皆さんは神を信じますか？　つまり神が存在すると思いますか？　あるいは天国や地獄や来世というものがあると思いますか？

キリスト教徒やイスラム教徒は明確にあると答えるだろうが、日本人は結構答えに迷う人が多いのではないだろうか。ひとつだけはっきりしていることは、神の存在を実際に証明するのは不可能だということだ。だから古代中国人は「そんなものは無い」とするのが「合理的」だと考えた。

孔子はそういう立場であった。『論語』に「子は怪力乱神《かいりよくらんしん》を語らず」（述而第七）とある。「孔先生は怪力乱神については一切語ろうとしなかった」ということだが、では「怪力乱神」とは何かといえば「超常現象、武勇伝、秩序を乱すこと、神霊現象、霊魂、神」だ。おわかりだろう。

これは宗教を否定する姿勢である。

だから、孔子は「死後の世界」にも関心はまったくなかった。弟子から「死を問う（死とは何ですか?）」と言われた時、孔子は弟子の質問にはいつも丁寧に答えるのだが、この時ばかりは「未《いま》だ生を知らず、焉《いずく》んぞ死を知らん（生きている人間のこともよくわからないのに、どうして死のことがわかるだろうか）」（先進第十一）、という答え方をしている。孔子は聖人だから「わからないからゴマかした」ということはありえない。つまり君子（立派な人間）はこんな不合理なことにかかわるべきではない、と後の中国人は考えるようになった。

しかし人間世界には必ず道徳、つまりすべての人間が等しく守るべき倫理的ルールが無ければならない。それが無ければまさに弱肉強食、動物の世界と同じことになってしまう。しかし、それを宗教抜きで考えようとしたらいったいどうすべきか。余裕のある方はちょっと考えていただきたい。

これは意外に難しい。ほとんどの道徳あるいは倫理というものは、実は宗教つまり神から来ているからである。「人を殺してはならぬ」という掟《おきて》が神から預言者モーセに与えられた。だからユダヤ教やキリスト教の信者は「殺人」を悪と考える。釈迦《しやか》もそう言った。だから仏教徒もそう考える。この点ではイスラム教徒も同じだ。「殺人」は神仏の教えに反するから「悪」なのだ。それが道徳になる。

だがそのような「人格神（人間性をもつ超越的存在。知性・情念・意志を兼備して、人間とかかわりをもつとされ、霊と比べて個性がはっきりしている）」（デジタル大辞泉）をまったく否定したのが、孔子であり古代中国人であった。孔子は再三いうように「述べて作らず」だから、これは古代中国の知識人の共通認識だったのである。ではどうするか？

彼らはこう考えた。どんなに合理的な人間でも絶対に否定できないことがある。それは自分が存在するのは、親が産んでくれて育ててくれたからで、またそれを意識できるのは人間しかいないことだ。

ＮＨＫなどでよく放送する「動物の子育て番組」を思い出して頂きたい。ペンギンでもライオンでも、親は大変な苦労をして自らの体をボロボロにして子を育てる。しかし子は自分のために犠牲になった親に感謝することは一切ないし、恩返しなど絶対しない。それができるのは人間だけだ。だから親に与えられた恩を自覚し恩返しをすることこそ、人間にしかできない神聖な義務だと、古代中国人は考えたのである。それが「孝（親孝行）」だ。

法や正直よりも「孝」が絶対

念のためだが、いくら孔子が「怪力乱神」を語らなかったといっても、神のようなものを中国人は完全に否定したわけではない。「天の配剤」という言葉が今もあるが、人間を超越した「天」が人間をコントロールしているという考え方は中国にもある。ただしそれはまさに「自然神」とも言うべき「形のないもの」、別の言い方をすれば「言葉を話さないもの」であって、イエスやアラーのような「人の形」をして、言葉で人間を導くような「人格神」ではない。そのような「人間の形をとった神」はいないというのが中国人の考え方である。

だから前に述べたように、「神」に代わって「孝」が唯一絶対の道徳の基準となる。ところが、今大学で若い人に宗教の基本的考え方を教えているのだが、日本人は「絶対」ということについては理解が困難なようだ。

たとえばユダヤ教、キリスト教に共通する唯一絶対の神ヤハウェ（エホバ）は、預言者モーセに対しては「絶対に人を殺すな」と言ったが、その後継者であるヨシュアには「この都市の住民を皆殺しにしろ」と言った。

これを矛盾すると考えた人は、「絶対」ということがわかっていない。またいくらなんでも皆殺しはひどい、女性や子供は助けるべきだと思った人も「絶対」がわかっていない。そう考えることは実は神も守るべき「ルール」が別にあると認めることになり、その「ルール」の方が神をも拘束する「絶対」になってしまうからである。神は「絶対」なのだから、わかりやすく言えば「何をしてもいい」のだ。

では「孝」が絶対になると、どうなるのだろうか？　孔子は自分の考えを政治的に実現してくれる君主を求めて、「中国」全土を放浪していた。それで様々な国を訪れたが、ある国の貴族が孔子に自慢した。「私の領内にはとてつもなく正直な者がおる。その者は父が羊を盗んだと知り自ら父の罪を告発した」。それに対して孔子はこう答えた。「私の国では違います。父は息子の罪を隠しますし、息子は父の罪を隠します。本当の正直とはそういうものです」（子路《しろ》第十三）

そういうものだろうか？　これでは法治国家にならないことはお気づきだろう。つまり「法」よりも「正直」よりも、「孝」の方が絶対だからそうなるのだ。

日本では「怪力乱神」を説く仏教や神道の方が盛んだったから、こうした考えは社会にあまり普及しなかった。だが、江戸時代になると儒教が特に知識階級に広がった。だから日本もそれ以降は、特に道徳や法律の面で儒教の影響を強く受けた。

たとえば、現在も施行されている刑法に犯人蔵匿罪というのがある。犯罪者をかくまったり逃亡させたりする罪で、条文（第一〇三条）は「三年以下の懲役又は三〇万円以下の罰金に処する」と規定している。ところが、この罪には「免罪条項」がある。それは第一〇五条で「犯人又は逃走した者の親族がこれらの者の利益のために犯したときは、その刑を免除することができる」である。分かりにくい条文で、しかも「免除することができる」ではあるのだが、親族を特別扱いしていることはお分かりだろう。

もちろん法の前の平等に反する精神である。だからアメリカの法律にはこんな条項は影も形もない。確かに肉親の情というのは存在するから、どちらが正しいかというのは大変難しい問題なのだが。

孟子

孔子の儒教を学問の形に

紀元前八世紀から前三世紀にかけての中国大陸は、春秋《しゅんじゅう》戦国《せんごく》時代という。ただしまだ統一されていないので「中国」は無い。それはあの大陸を統一した国家の名称である。

それ以前にあった小国分立状態の国家の中で、孔子《こうし》がもっとも理想とした国が周《しゅう》であった。ところが遊牧民族の侵入で周は本拠を東へ遷《うつ》さなければならなかった。しかしこの国難の中で国単位で分立していた農耕民族が、同じ文化を持つ人間同士だという民族意識に目覚めていく。これが後に漢民族と呼ばれる人たちの母体だ。

漢民族は遊牧民族に抵抗した。文化のレベルは定住している農耕民の方がはるかに高く、遊牧民は文字すら持たない。だから（後に漢民族と呼ばれる）農耕民は「攘夷《じょうい》」のスローガンで団結した。それから千数百年後の日本の幕末時代に盛んに使われた、あの「攘夷」だ。「野蛮人を打ち払う」という意味である。その団結の時代が春秋戦国時代の「春秋」の方で、孔子はこの時代を生きた人間だった。

ところが「攘夷」が成功し共通の敵が居なくなると、同じ民族同士の覇権争いが始まった。こ

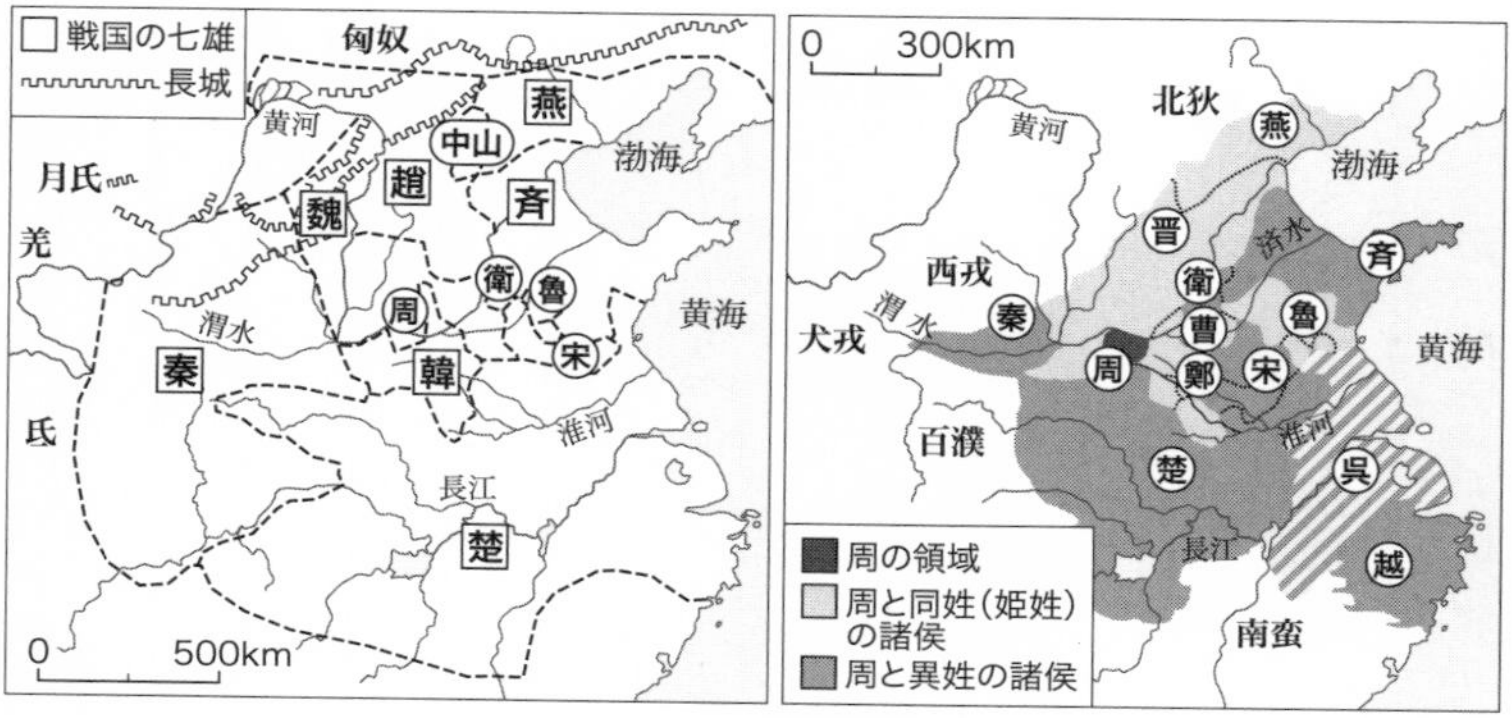

春秋時代（右）と戦国時代（左）

れが春秋戦国時代の「戦国」のほうで、孔子の後継者と言われた孟子《もうし》はこの時代の人間であった。本名は孟軻《もうか》という。姓が孟で名は軻、孟子と呼ぶのは孔子と同じで「孟先生」ということだ。

　生没年不詳だが、孔子が亡くなって一〇〇年ほど後の紀元前四世紀前半の生まれだとされる。根拠は若い頃に孔子の生まれた魯《ろ》に遊学し、そこで孫の子思《しし》の門人に教えを受けたと伝えられるからだ。彼自身は鄒《すう》国、今の山東《さんとう》省の出身である。

　後に孟子は孔子に次ぐ聖人として「亜聖《あせい》」と呼ばれ、儒教自体も「孔孟の学」と呼ばれた。孟子の功績は、悪く言えば単なる「孔子の御言葉」であり「人生論」であった儒教を理論化して、学問としての形を固めたことだろう。だから孟子以降、中国人は儒教という言葉を嫌い儒学と呼ぶようになった。「怪力乱神」を語る宗教（迷信）ではなく理性的な哲学だということである。

　歴史事典を見れば孟子の功績として「仁義」「性善説」「放伐《ほうばつ》論」などが出て来る。ちなみに「仁」は「分け隔てなく人を愛すること」あるいは「それができる最高の人」という意味で、「義」は「正義」を意味する。

江戸の読本作家、曲亭馬琴《きよくていばきん》の傑作小説『南総里見八犬伝《なんそうさとみはつけんでん》』の主人公八犬士はそれぞれ「儒教」の徳目（守るべき道）を表す漢字が浮き上がる水晶の玉を持っている。「仁、義、礼、智、忠、信、孝、悌《てい》」だ。では思い出していただきたい。最初に登場する八犬士、犬塚信乃《いぬづかしの》が持っていた玉の字は何か？　もちろん「儒教」で最も大切とされる「孝」である。では最後に出て来る犬江親兵衛《いぬえしんべえ》の玉の字は？　「仁」だ。他の七つの徳目「義、礼、智、忠、信、孝、悌」をすべて兼ね備えた人間が「仁」になるという考え方で、彼は名前も犬江親兵衛仁《まさし》である。

「仁」も「義」も孟子以前からあった言葉だが、それを組み合わせて「仁義」とし、これこそ人間が守るべき道としたのは孟子である。では孟子は「孝」についてはどのように考えていたのか？　ある時、孟子は弟子に質問された。「国王の父がその国の法律で死刑にあたる罪を犯してしまった時、国王はどう対処すべきでしょうか？」

孟子は何と答えたか？

法治国家の根底を道徳がゆるがす

これは難問である。しかも、弟子は一般的な国王ではなく、儒教で最も理想的な君主とされる舜《しゅん》の名前を出した。舜は孔子も聖王として尊敬していた。その舜ならこういう場合どうするか、と師の孟子に問うたのである。

その答えが『孟子』に載っている。孟子という言葉には二つの意味があり、孟子個人を指す場合と、その言行録である本を指す場合がある。ここで言う「孟子」は本の方だ。

『孟子』の章の分け方は冒頭に出て来る人名や孟子の言葉に基づく。たとえば最初の章は梁《りょう》という国の恵《けい》という王との問答で始まるので「梁恵王章句」と呼び、最後の章は孟子の「その心を尽くす者は」という言葉で始まるので「尽心章句」と呼ぶ。それぞれの章句が上・下二つのパートに分かれているのだが、その「尽心章句　上」にその答えが載せられている。先の弟子の問いに対して、孟子は「法は曲げることは出来ない」と一応は答えるのだが、最終的には次のように述べる。

「舜にとって国を捨てるなど『破れゾウリ』を捨てるのと同じで簡単なことだ。舜は王の地位など捨て父を背負って密《ひそ》かに国を脱出し法の及ばない地の果ての海辺に行き、一生喜びと共に父に仕え国のことなど忘れてしまうだろう」

お分かりだと思うが、儒教の上で理想的な人格であるとされる舜なら、きっとそうするだろうということは、もし自分がそういう立場になったらそうしろということだ。つまり国の法律やそれを守る責任、法治国家の長としての義務などは、「孝」に比べれば「破れゾウリ」つまりゴミに等しい、ということなのである。それほど「孝」とは絶対ということでもある。

初めてこの話をすると、驚く人が多い。つまり日本の教育の中ではこんな重要なことが教えられていないのだが、こうした教えが道徳の根本とされた国家はどういう国になるのか、ちょっと想像してみていただきたい。前にも述べたが、これでは法治国家はできない。法治国家とは「法の前の平等」が大前提として認められ、国民一人一人が法律を守る意識を持たねばならないからだ。

そこへいくと日本はきちんとしていると思ったあなた。あなたは若者だろうか？　若者ならご存じないのも無理はないが、ある年齢以上の人なら戦後日本の新しくなったはずの刑法にも「尊属殺人」という規定があったことを覚えておられるだろう。刑法第二〇〇条で、平たく言えば子供が親を殺した場合、必ず死刑または無期懲役という厳しい刑に処する規定のことである。

実際にそういう例があったと記憶しているが、実父が娘を毎日のようにレイプし反撃した娘が父親を殺してしまった場合でも、一切情状酌量はされないということである。しかもこれが不合理だと訴えた裁判、それも新憲法下の最高裁判所の判決でも、最初はこの規定は「正しい」とされた。その時の最高裁の「言い草」はこれが「人類普遍の道徳原理」に基づくから「有効」というものだった。この規定が完全に削除されたのはなんと一九九五年のことである。歴史を知らないからこういうことになる。

話を中国史に戻そう。要するに孟子以降儒教、いや儒学はますます「頭が固く」なっていくのである。

他人同士の関係を律する「忠」

古代中国人は「孝」を道徳の根本としたのだが、これにはひとつ大きな問題があった。

それは「孝」は親子関係のある人間の間でしか道徳として成り得ないことだ。家を一歩でれば血縁関係のない「赤の他人」がいる。そちらの方がむしろ多い。そうした他人同士の関係はいかなる道徳で律するべきか？　そこで古代中国人はこうした関係を、最高の道徳である「孝」に準じる別のもので律すれば良いと考えた。

それが「忠（忠義）」である。日本語にそれを説明しやすい関係がある。親分と子分だ。親分は子分と血縁関係のある本当の親ではない。しかし子分を自分の子供のように愛し保護しなければいけない。子分も親分と血縁関係のある本当の子ではないが、自分を保護してくれる親分の恩に対しては報いなければならない。しかしその恩返しについては「孝（孝行）」という言葉は使えない。両者は本当の親子ではないからだ。だから別の言葉「忠（忠義）」を使う。

孔子もある貴族の「主君が家臣を使い、家臣が主君に事《つか》える時はどのようにすればよいのか？」という問いに対して、「君は臣を使うに礼を以《もっ》てし、臣は君に事うるに忠を以てす」（『論語』八佾《はちいつ》第三）と答えた。礼とは人間界のマナーのことだ。孔子は「君主は家臣を人間として尊重してあつかい、家臣は君主に対して忠義つまり孝行に準じる恩返しの姿勢を貫くべきだ」と言ったのである。

では、人間はなぜ君主と家臣に分かれるのか？　ここに天命という考え方が出てくる。儒教はキリストやブッダのような人格神は否定するが、天という人間の運命を支配する自然神は認める。この自然神は人格神のように人間の言葉で懇切丁寧に説教したり導いたりはしてくれないが、人間世界が乱れたときは救いの手を差し伸べてくれる。すなわち億兆の人間の中から最も優れた者を選んで、乱れを収拾せよという指示を与えるのである。だから、その人間を天命（天の命令）

によって選ばれた天の子すなわち天子《てんし》と呼ぶ。

こののち中国を初めて統一した秦《しん》国の国王は、国王(分立国家の統治者)を超える中国全土の統治者を「皇帝」と呼ぶことにし、自らは始皇帝《しこうてい》(最初の皇帝)と名乗った。それ以降中国全土の支配者は皇帝と名乗ったが、皇帝は天子でもある。天命によって選ばれたからこそ皇帝になれたのだ、と中国人は考えるようになったからだ。つまり、中国史においては「皇帝＝天子」という等式が成り立つのだが、同じ意味でも政治上での称号が「皇帝」、宗教上の称号が「天子」と考えればわかりやすいかもしれない。

天がその人間を天子に指名するにあたって、何を評価の基準とするのか？　それが「徳」なのである。では「徳」とは何か、と言えば極めて説明が難しい。辞書には「精神の修養によってその身に得たすぐれた品性」(デジタル大辞泉)とあるが、そう言い切れないところに問題がある。このことについてはいずれ詳しく説明するので、とりあえずは「徳」とはそういうものだと覚えておいていただきたい。

もちろん君主が徳を身に付けていれば、それは名君であって民は幸せになれる。問題はその逆の暴君になった場合だ。だが「親殺し」は絶対に許されないが、「暴君殺し」は許されるとしたのが孟子なのである。

「酒池肉林」と「湯武放伐」

儒教の世界、つまり近代以前の中国では、親殺しは決して許すことのできない極悪非道の犯罪であった。日本でも特に江戸時代は儒教の発展形である朱子学《しゅし》の影響を強く受けたので、親殺しは単なる死刑ではなく磔《はりつけ》になった。どんな悪い親であっても殺すことは許されない。儒教の最大の徳目、つまり守るべき道徳である「孝」に反するからだ。その感覚は「尊属殺人は重罪」という形で、日本国憲法の時代に入ってすら刑法に残されていたことは既に述べた。

悪い親はせいぜいそのファミリーを苦しめるだけだが、悪い君主は多くの民を苦しめ国を危うくする。そうした暴君を倒すことは正義だという考え方は昔からあった。しかしそれは儒教の世界では「孝」に準じる徳目の「忠」に反する行為である。どんな悪い親でも殺すことは許されないのなら、どんな暴君も殺すことは「忠」に反するから許されないという考え方もあった。

そこで、ある王が孟子に質問した。「昔、殷《いん》の湯王《とうおう》は夏《か》の桀王《けつおう》を放逐《ほうちく》し、周の武王《ぶおう》に至っては殷の紂王《ちゅうおう》を誅伐《ちゅうばつ》したと聞く、臣下の身で主君を殺してもよいのか?」（梁恵王章句 下）

ちょっとわかりにくいので解説しよう。湯王は叛乱《はんらん》を起こした時点では王ではなかった。夏国の桀王の臣下だったのに、その桀王を追放し、新しく殷国を建てて湯王と名乗った、ということである。武王も同じで、叛乱の時点では殷国の紂王の家臣だったのに、その紂王を攻め殺して新しく周国を建てて武王と名乗ったのである。

確かに桀王も紂王も暴君ではあった。特に殷の紂王は、酒を満たした池と肉をつるした林の中で男女を裸にして鬼ごっこをさせ飲み明かした。「酒池《しゅち》肉林《にくりん》（ぜいたくきわまる酒宴）」（新明解国語辞典）の語源だ。もちろんこんな贅沢《ぜいたく》をするために紂王は民に重税を課していた。そこで王は孟子に「両人とも叛乱を起こした時点では家臣だったのに、そんな『忠』に反する行動をしていいのか」とただした、のである。
孟子はこう答えた。「仁義（人の道）を失った者は王たる資格はありません。私は武王が『一《いっ》夫《ぷ》の紂（王ではなくただの平民である紂）』を殺した、とは聞いておりますが、王を討ったとは聞いておりません」

これも解説すると、紂王は民を苦しめるという形で天命にそむいたから、その時点で天子（＝王）の資格を失った。その、ただの暴虐な男を武王（正確にいえばのちに武王になる、紂王の臣下）が殺したところで「忠」に反したことにはならない、ということだ。この「湯王がやった放逐」と「武王がやった誅伐」をまとめて「湯武《とうぶ》放伐《ほうばつ》」と呼ぶ。これに賛成するか反対するか論議することを「湯武放伐論」という。孟子はもちろん賛成だが反対を唱える儒学者もいた。どんな暴君にせよ臣下の身でこれを討つのは「忠」に反するという立場である。

それにしても孟子の考え方は「後づけの理屈」でもある。儒教全体にもこういう傾向があって、例を挙げれば、この世界ではどんな悪辣《あくらつ》な手段を用いても最終的に君主になれば、その人間は「天命を受けた天子」であり「徳を持っていた」ということになる。それでいいのかと悩んだ孟子は一つの解決策を見出《みいだ》した。

天命の「王者」と武力の「覇者」

中国は古くから開けた国で、紀元前の孟子の時代でもさまざまな過去の歴史があった。まだ中国全体は統一されていなかったが、分立状態の王国は複数存在し、多数の王が歴史の中にいた。

そうした王の中にはどうみても「徳」があるとは思えない、乱暴者でケンカに強いだけで王になり上がったような人物もいた。そこで孟子はこういう連中を「覇王《はおう》」あるいは「覇者《はしゃ》」と呼んだ。武力と陰謀だけで天下を乗っ取った者という意味である。王には違いないが「天命を受けた徳のある君主」ではない。

では「天命を受けた徳のある君主」はなんと呼べばいいのか？　それを孟子はあらためて「王者《おうじゃ》」と呼んだ。つまり君主（王）には覇者と王者の二通りがあって、王であるべきは王者なのだから、覇者は排斥し王者を真の君主とすべきだ、ということだ。本書は中国史がテーマで日本史ではないが、この考え方は後に朱子学の最も重要な理論となり、それが江戸時代の日本に導入されて幕末維新の原動力になったことだけはコメントしておこう。

つまり江戸時代の日本人は、武力と陰謀で天下を取った徳川将軍家は覇者に過ぎず、武力に頼らず日本を治めてきた天皇家こそ真の王者だと考えるようになったのだ。だとすれば幕府を倒して朝廷の政治を復活させるのが正しいことになる。日本の明治維新とは結局そういうことなのである。

孟子の最大の功績はやはり「君主といえども、暴君であるなら、家臣が討ち果たしてもいい」という理論を生み出したことだろう。中国ではそれを革命と呼ぶ。日本では幕末から明治にかけて、フランスで行われた大変革、つまり英語でいうレボリューションの訳語としてこの「革命」を採用してしまったので、話がややこしくわかりにくくなった。

一般にはフランス革命という、この「レボリューション」は、王政を打倒して共和制を確立するような体制の根本変革を意味する。「クーデター」（これはフランス語）はそうではなく、たとえば王政という形は残すが、その中の政権が武力によって強制交替するような場合を指す。「革命」は本来中国語で「命（天命）が革《あらた》まる」という意味だ。どういうことかといえば、王が王になれたのは天命（天の命令）であり、その「人民を幸せにする」という天の命令を守らなかった王は、まさに殷の紂王のように王座から引きずりおろされる。

　これを「天」の立場から見てみよう。「天」は人格神ではないが意志を持つ「神」であり、その意志によって天命を或《あ》る男（女はダメ）に与えた。しかし、その子孫が天命に反したので今度は別の男に天命を与えた。だからその男は新しい王となり、その一族が王を世襲していくことになった。つまり「天」の立場から見れば、王を世襲する一族を「○という姓の一族」から「×という姓の一族」に交替させたことになる。この交替を意味する動詞が「易《えき》」で、中国では周の武王が殷の紂王を討ったような事変を「易姓革命」とよぶようになった。易姓革命は王朝交替と言い換えてもいい。

　いずれにせよ、儒教は孟子によって理論化され確立した。しかし国家を作るにあたって障害となるような考え方を儒教が含んでいることも事実だ。そして儒教はそれを憎んだ大権力者に大弾圧を受けることになる。

始皇帝

全土統一した「新し物好き」

何度も述べたように、紀元前三世紀、つまり今から二三〇〇年ぐらい前までは「中国」という国は無かった。今とほぼ同じ「中国語」をしゃべる共通の文化圏はあり、その中で同じ民族が分立国家の状態で争っていた。それが戦国時代である。しかし、紀元前二二一年、その戦国時代に終止符を打つ男がついに現れた。

戦国時代、中国大陸の国は七つの国家（戦国の七雄）に集約されていたのだが、その七つの王国の一つ「秦《しん》」が、他の六つの王国をすべて滅ぼし、ついに全土を統一したのである。それまでは「政治的に一番偉い人」は「国王」であった。それが七人いたわけだが、その男は他の六人をバトルロイヤルで倒し、チャンピオンからグランドチャンピオンになったわけだ。当然その男は、統一された国（後に中国と呼ばれた）のトップは「国王」よりも輝かしく重々しい称号で呼ばれるべきだ、と考えた。

彼らの共通文化圏には神話のように八人の聖者の名が伝えられていた。「三皇五帝《さんこうごてい》」である。三皇は初め「皇」の字の付く「天皇《てんこう》・地皇・人皇」を意味し天地人を象徴する神のことだったが、後に神農《しんのう》など三人の伝説的な聖人のことだとされた。「怪力乱神（人格神）」を否定する儒教の影響だろう。中国の民間信仰「道教」では、人格神を認めるので天皇は引き続き神として信仰された。一方、儒教の世界では天皇は天の中心である北極星《ほっきょくせい》を意味するようになった。日本の「天《てん》皇《のう》」という称号はこの影響をうけたのだろう。

神農とはあらゆる動植物の部位を自分の身体で人体実験し、「何が何に効くか」を定めた「漢方薬の祖」だ。日本では「交易の神」としても祀《まつ》られている。五帝は伝説的な聖王のことで、孟子《もうし》と弟子の問答に出てきた舜《しゅん》も入っている。その筆頭の黄帝《こうてい》は、日本でも栄養ドリンクの名として使われているが、「漢方薬の祖」神農に対し「医学書の祖」と呼ばれる。

その三皇五帝の「皇」と「帝」を組み合わせた「皇帝」を大陸統一国家のトップの称号としたのは、統一を果たした時はまだ秦国王だった趙政《ちょうせい》（姓が「趙」名が「政」、前二五九～前二一〇年）である。これ以後「国王」は「皇帝に家臣として仕える周辺国家の首長の称号」に「格下げ」になった。これは中国史のキーポイントなので記憶にとどめていただきたい。

この男、日本の歴史上の人物で言えば織田信長《おだのぶなが》に極めてよく似ている。そういえばおわかりのように、無類の新し物好きで家臣の登用はすべて実力本位、人事には厳しいがそれは自分が優秀だからでもあった。父親が他の王国の人質となっていて生まれつき苦労したというところだけは「徳川家康《とくがわいえやす》」だが、それ以外は全部「信長」と言っていい。

たとえばこの男、自分の姓が「趙」であるのが気に入らなかった。なぜなら自分は中国初の皇帝（始皇帝《しこうてい》）であり唯一無二の存在であるのに、「趙さん」は他に大勢いるからだ。そこで、それまでにない「嬴《えい》」という字を創作して自分の姓とし、嬴政《えいせい》（あるいは嬴正）と名乗った。日本の歴史事典ではこの活字を作るのが面倒なので、ハナから載せていないものもある。本書の良心的な姿勢を見習っていただきたい（笑）。

さて、こういう「新し物好き」が「古いものこそ正しい」とする儒教の徒と平和共存できると思いますか？

遊牧民族の侵入防ぐ「万里の長城」

個人名は嬴正という中国大陸の初の統一者のことを、一昔前は「秦の始皇帝」と呼んでいた。これは正確な言い方でない。彼は秦国王を超えた立場を獲得したのだから、本来なら「中国の始皇帝」と呼ぶべきなのだが、彼の時代にはまだ「中国」という言葉は無かった。だから中国でも彼のことを「秦始皇帝」と呼ぶ。そうするしかないわけだが、本書では「始皇帝」としておく。

始皇帝を批判する後世の歴史家は彼のことを暴君だとする。確かにそうには違いないのだが、そういう歴史家でも、彼が中国史上きっての大政治家であることは否定しない。全土を統一したことと、その結果生まれた国力を使って「万里《ばんり》の長城《ちょうじょう》」を建設したからだろう。では万里の長城は何のために築かれたか？　教科書には「北方の異民族の侵入を防ぐため」などとあるが、この模範解答の中に隠された歴史の真実を知る人は、私の経験では少ないように思う。

長城がなぜ建設されたかを理解するには、人類の歴史の当初からある「遊牧民族vs.農耕民族」の長きにわたるライバル関係、果てしなき戦いを理解しなければいけない。それこそ一万年どころか数十万年の単位の歴史の話なのだが、人類は最初はどこでも狩猟民族だった。野外で動物を殺して食料としていた。しかし不効率なので、まさに「羊のようにおとなしい」草食動物を人間が繁殖させ、少しずつ殺して食料にするというシステムが開発された。これは「食料大革命」だったのだが一つ難点があった。飼育動物の餌になる草は草原の気候によって育つ。だから渡り鳥のように暖かい地方の食料を求めて移動する羊たちに、人間の方がついていかなければならなくなった。つまりは季節ごとのテント生活である。これを「遊牧」といい、これで生きている民族が遊牧民族だ。

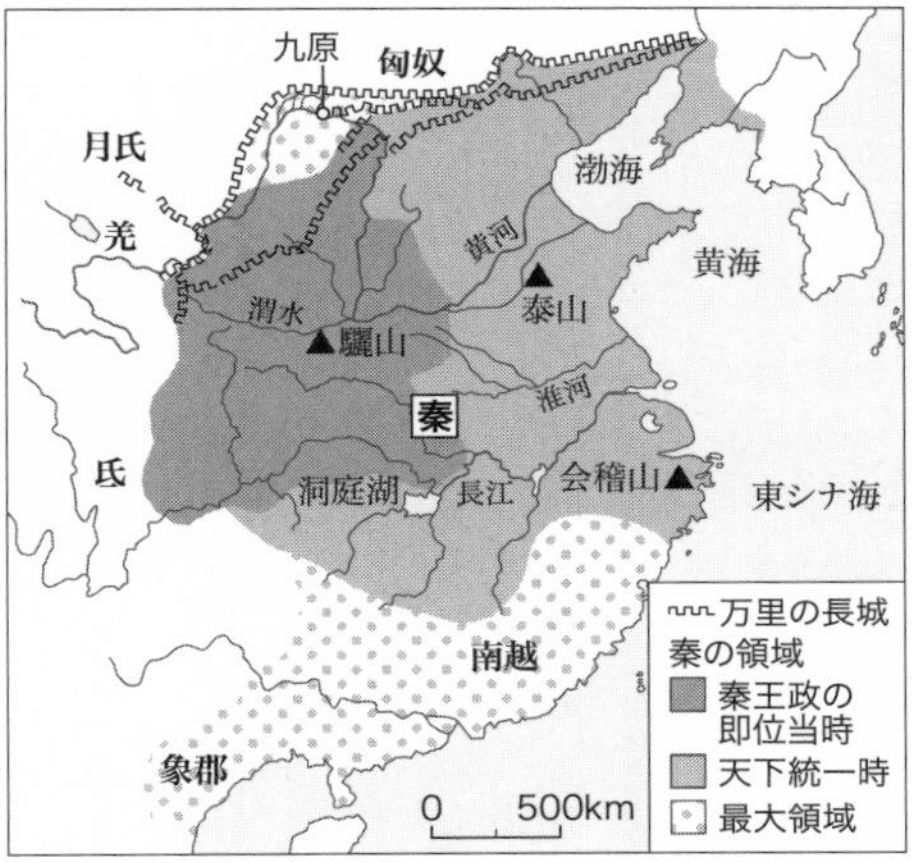

秦代の中国

一方、時代が進んで、さらに優秀な食料確保システムが開発された。稲作などの「農耕」である。農耕は定住してやるから極めて効率的で、人類は容易に食料を得られるようになり、余暇（レジャー）の時間が持てるようになった。その結果文明も発達した。かつて世界四大文明と呼ばれたものはすべて農耕民族の文化である。

農耕民族は穀物を蓄積できるので飢饉《ききん》、つまりは気候不順にも対応できるが、肉食の遊牧民族にはできない。大草原が枯れたら羊は全滅し、彼らは一挙に滅亡の危機に瀕《ひん》する。だが、対策はある。豊かな農耕民族の土地に侵入し、食料や女子供を略奪することである。女は子供を産ませ男子は奴隷にすればいい。もちろん食料は略奪する。

遊牧民族は日頃から動物を殺しているから、凶器の扱いに慣れている。また季節ごとの移動生活なので、馬には子供のころから乗っている。つまり彼らは女性でも馬に乗れば最強の戦士になれるが、普段から田んぼを耕しているだけの農耕民族は絶対に対抗できない。だから農耕民族は集落が大きくなればなるほど、全体を高い塀で囲むようになった。大きな町なら日没と共に門は閉ざされる。こうした都市のことを「城」と呼ぶが、それだけでは不安だった彼らは、馬に乗った遊牧民族が自分たちの土地に侵入できないように国全体も「城」で囲った。この各国ごとの「長城」をひとつにつなげたのが「万里の長城」なのである。

徳より法を重んじた韓非子

孔子《こうし》・孟子の教えは「儒教」と言われ、彼らのグループのことを儒家と呼ぶが、古代の中国ではそれ以外に様々な思想家が出てグループを作った。これを「諸子《しょし》百家《ひゃっか》」といい、老子《ろうし》、荘子《そうし》、墨子《ぼくし》などは日本でも名を知られている。そして、この中で儒家に最も批判的だったのが韓非子《かんぴし》をリーダーとする「法家《ほうか》」である。韓非は姓は「韓」で名は「非」それゆえ昔は「韓子」と呼ばれていたが、唐《とう》代の大詩人韓愈《かんゆ》と区別するため、後にこう呼ばれるようになったのだ。その主張を簡単にまとめると「徳などという曖昧《あいまい》なものではなく、誰でも理解できる法律を基準にして国家は運営されるべきだ」になる。法律自体の中身は前近代的で身分を前提としたものだったが、法律で国家を運用しようという理念は、現在の法治国家とさほどの違いはない。

ところで近代の大詩人北原白秋《きたはらはくしゅう》作詞の童謡「待ちぼうけ」（作曲山田《やまだ》耕筰《こうさく》）をご存じだろうか？一番は次のように始まる。「待ちぼうけ　待ちぼうけ　ある日せっせと　野良かせぎ　そこへ兎が飛んで出て　ころり　ころげた　木のねっこ」。二番は「待ちぼうけ　待ちぼうけ　しめたこれから寝て待とか　待てば獲ものは　駆けて来る　兎ぶつかれ　木のねっこ」。三番、四番で男は畑仕事を完全にやめてしまい、ウサギが飛んで出て木の切り株にぶつかって死ぬのを待ち続ける。労せずして獲物が手に入るからだ。だがそんな「奇跡」が二度と起こるはずもない。だから最終の五番ではこうなる。「待ちぼうけ　待ちぼうけ　もとは涼しい黍畑《きびばたけ》　いまは荒野《あれの》の箒草《ほうきぐさ》　寒い北風　木のねっこ」

この元ネタは韓非の主張をまとめた『韓非子』（『孟子』などと同じく書物のタイトル）なのである。「守株《しゅしゅ》」という言葉を辞書で引くと次のような解説がある。「いたずらに古い習慣を守って、時に応じた物事の処理ができないこと。兎が走って来て木の切り株に当たって死んだのを見た宋の農民が、仕事を投げ捨てて毎日切り株を見張ったものの、ついに兎は捕れなかったという『韓非子』の故事による」（韓非子・五蠹《ごと》編）。

おわかりだろう儒家が批判されているのである。「述べて作らず」つまり新しいことは何もせず、何かというと「先王の道」つまり昔の良い政治へ戻るべきだなどと主張し、「徳」などという明確に定義できないものを王者の資格とする。たまたま昔うまくいったとしても、自ら努力しようともせず再び奇跡が起こることを願って待つだけならば、ウサギの「事故」を待ち続けた

（株を守り続けた）バカな農民と同じだ、ということなのである。

実は韓非子と始皇帝は同じ時代の人間だった。始皇帝は早くから法家の思想を評価しており、丞相《じょうしょう》（総理大臣）に抜擢《ばってき》した李斯《りし》という男も法家で韓非子と同門だった。

始皇帝は儒家を嫌っていた。当然だろう。孟子の説によれば始皇帝は「覇王」で真の王者ではないことになるし、また明治の「忠孝一致」を思い出していただければ、「孝」を根本とする国家では「公」への奉仕が育ちにくい、どうしてもファミリー優先になってしまうことがわかるだろう。これでは法治国家はできない。ならばどうするか。

儒教という思想そのものをこの世から無くしてしまえばいい。始皇帝はそれを実行した。

「焚書坑儒」で儒教を大弾圧

丞相で法家の李斯の進言もあり、始皇帝は儒教に対する大弾圧を実行した。「焚書坑儒《ふんしょこうじゅ》」と呼ぶ。紀元前二一三年に、公文書や法家・医学・農業・占い以外の書物をすべて焼き捨てさせたのが「焚書」で、ほぼ同時に儒者（儒教の徒）四六〇人余りを生き埋めにして殺したのが「坑儒」である。

それにしても中国語というのは恐ろしい言語だとつくづく思う。「読書」、これはもともと漢語つまり中国語だから日本風に読み下すと「書（本）を読む」になる。では「焚書坑儒」を読み下すとどうなるか？「書を焚《た》（焼）く」であり「儒（儒者）を坑《あなうめ》（生き埋めに）する」になる。中国語には二〇〇〇年以上前から「坑」つまり「人間を生き埋めにする」という「動詞」が存在するのだ。お疑いなら、お手元の漢和辞典（ネットでもいい）をひいてみるといい。「坑」の字義（字の意味）として「生き埋めにする」が載っているはずだ。では、なぜ「生き埋め」なのかと言えば、これは「大虐殺を効率良くおこなう人類の知恵」なのである。

これから大変不快な話をする。それでも語るのは人類の歴史を理解するためには必要な知識と思うからだ。しかし人間にはコンディションというものがある。いま食事をされている方は少ないと思うが、これから食事される方を含めて、ここで読むのをやめて後で読んでいただきたい。よろしいですか？　忠告はしましたよ。

さて、人間は死ぬとその遺体はすぐに腐敗し猛烈な悪臭を発する。どれぐらいの悪臭かと言えば、普通の人間は吐き気が止まらず食べ物も喉《のど》を通らなくなる。この悪臭を嗅《か》いだことのない人は幸せだが、それでは本当の歴史はわからない。そして日本は衛生環境が非常に整備されているので、多くの人はその悪臭の恐ろしさを知らない、つまり歴史の真相がわからない。

それでも、殺人や変死事件の発見のきっかけが猛烈な悪臭によることが多いのは知識としてご存じだろう。中心部が熱帯のインドでは腐敗の進行がすさまじいので、人間が死ぬとまず強い香を焚《た》き、熱帯特有の香りの強い花を供えて手早く葬儀を済ませ、間をおかず火葬した。正確に言えば「遺体を焼却処分にすること」をヒンドゥー教や仏教では葬礼と認めた。だから温帯の日本でも、仏教式の葬儀では「香華《こうげ》を手向《たむ》け」「火葬にする」のである。

しかし温帯の国家では、インドほどあわてる必要はないので土葬が主流となった。キリスト教、イスラム教、儒教、そして日本の神道も土葬が正式だった。もちろん、そうするのは土に埋めれば耐え難い悪臭に悩まされずに済むからである。

問題は「大虐殺」する時だ。一度に多数の死体がでる。それを何とか手早く処理しなければならない。ミステリードラマなどで犯人が大汗をかいて「たった一人」の被害者の遺体を処分しているシーンをご覧になったことはないか？　一人でもあれだけ大変なのに、大勢をいっぺんに殺したらエライことになる。穴を掘るだけでも大変な手間だが、放っておいたら悪臭で都市も建物も使えなくなる。

一番いいのは殺す人間に自分の墓穴を掘らせて、最後に取り上げたスコップなどの穴掘り道具で気絶させ、穴に蹴《け》り込んで埋めてしまうことだ。こうすれば兵の疲労や武器の損耗も防げる。「坑」とはそういう「文化」を示しているのである。

論争するだけ時間のムダ

不愉快なニュースがあった。

ロシア軍がウクライナのマリウポリの近くに集団墓地を造ったという。本書の読者はともかく、普通の日本人の中では「この建設こそが大虐殺の証拠」とされたことに、ピンと来なかった人は多いのではないだろうか。

「大虐殺には死体処理という厄介な作業が伴う」という人類の常識がある。ロシアはソビエト連邦時代に、ナチスドイツとともにポーランドを侵略した。その時、降伏してきたポーランド軍を二度と立ち直らせまいと、軍の幹部を森に集めてまとめて殺害し穴に埋めた。「カティンの森の虐殺」（一九四〇年）である。これを再現した想像図には、虐殺されたポーランド将校が後ろ手に縛られているような図もあったと記憶するが、通常虐殺者はそんな面倒なことはしない。機関銃で脅して無理やり「自分の墓穴」を掘らせ、あとは一斉射撃で殺害し穴だけは自分たちで埋める。そうすれば手間も省けて腹も減らない。「生き埋め」にしないのがせめてもの「慈悲」である。

昨今、識者の中にはウクライナ問題について、政治家は国民の生命安全を守るのが第一だから、徹底交戦を呼びかけ犠牲者を出すより降伏を検討すべきだとの声もある。それは一般論としては正しいかもしれないが、問題は降伏する相手が信用できる国家かどうかだ。降伏した途端、虐殺やレイプが当たり前になり、捕虜に強制労働させるなどという「国際法違反」を、ロシアそしてソビエト連邦は既にやっているのである。

中国もロシアの被害者だ。清《しん》の時代にロシアとの国境である黒龍江《こくりゅうこう》（アムール川）付近に住んでいた清国人住民約二万五〇〇〇人をロシアのコサック兵が大虐殺し、死体をアムール川に投げ込んで「処理」した。江東六十四屯《こうとうろくじゅうしとん》事件（一九〇〇年）である。もちろん領土拡張のためだ。日本人はこの大虐殺を歌（第一高等学校寮歌）にして警戒したが、今ではその歌い出し「アムール川の流血や」が何を意味したかも忘れてしまった。

中国は中国でこの事件を若者には教えていないようだ。ロシアに対する「配慮」かもしれない。その中国で特に「教育」されているのが旧日本軍の「南京《ナンキン》大虐殺」だ。一般論で言えば、近代の軍隊が経済的利益のため都市に侵攻した場合は住民虐殺などしない。そんなことをしたら猛烈な悪臭によって都市が使えなくなるし、一般人を殺してしまうと「働き手」がいなくなる。まだロシアはアムール川という巨大な「死体処理装置」があったから大虐殺に踏み切ったが、普通は不可能で、仮に偶発的に起こったとしたら世界のマスコミが文字通り「嗅ぎつける」はずだ。

ただし今述べた常識は第二次世界大戦前までの話である。なぜなら、最近は核兵器やミサイルという住民を虐殺し死体も「焼却処分」できる厄介なものができたからである。

しかし私はこの問題で中国と論争する気はまったくない。「カティンの森の虐殺」についてもソビエト連邦は崩壊するまで「あれはナチスドイツの仕業だ」と言い張っていた。日本でも左翼学者やバカなマスコミが支持していたが、言論、思想、学問の自由の無い国と論争するなど時間のムダである。われわれは、中国にはそういう自由がないことを声高に訴えていけばいい？

それにしても、始皇帝の「焚書坑儒」の「坑」を説明するのにこれだけ紙数を費やしたのも（笑）日本の歴史教育がなっていないからだ。これは何とかしたいと思っている。

董仲舒

果たせなかった儒教撲滅

始皇帝《しこうてい》が英雄であり大政治家であることに異論を唱える人はいない。二〇世紀になり孫文《そんぶん》の辛《しん》亥《がい》革命（一九一一年）が成功するまで、二〇〇〇年以上も続いた皇帝支配体制つまり「中国」の創立者であり、初めて大陸全土を統一し、万里の長城を築いて農耕民族のテリトリーを確保した人物でもある。

また法治国家の確立を目指し、度量衡《どりょうこう》や車軌《しゃき》を統一し交通網を整備した。度量衡とは升などの米や酒の量を測る道具であり単位のことだが、戦国時代は各国によって単位が違った。それを統一して経済活動を円滑化したのである。またこの時代、重い荷物や大勢の人間を運ぶのは馬車の役目だが、馬車が頻繁に往来すると道路は舗装されていないので車輪の間の幅（これが車軌）のところに両輪がめり込んでちょうどレールのようになる。こうなると踏み固められる形になり便利なのだが、その幅が各国によって違ったので始皇帝はそれを統一した。この結果、石畳で主要道路を舗装したローマ帝国のように、各地に早いスピードで行けるようになった。

それまでの「中国」は日本の江戸時代と同じ封建制度で、血縁関係のある一族の長である諸侯が各地に領地をもらい、その代わりにそこから収穫した米を税として「お上」に上納するという形だった。しかし、始皇帝は法律の下に農工商の区別なく民衆を兵士として徴兵し、人夫として徴用し、税も金銭等で個別に徴収する国家を目指した。そのために、それまでの「封建制度」を廃止し、明治の日本のように中央から地方の統治官を派遣した。「郡県制度」という。そして始皇帝はこの大帝国創立の仕上げとして、完全なる法治国家確立の障害となる儒教撲滅のため、大弾圧「焚書坑儒《ふんしょこうじゅ》」を実行したのだ。

だが儒教撲滅には失敗した。「やり遂げられなかった」というのが正確なところかもしれない。こうした独裁者あるいはワンマンな企業経営者にありがちなことだが、始皇帝自身はもっと長生きすると思っていたらしい。だが実際には五〇足らずで死んでしまった。まさか自分がそんなに早く死ぬとは思っていなかったので、後継体制が充分に整備されていなかった。そのために死後すぐに悪臣に国が乗っ取られる形になり、後継者も殺され、結局彼の帝国はその死後わずか一五年で滅んでしまった。もしもっと彼が長生きしていたら、儒教撲滅に成功していただろうか？　そうなっていたら「中国」はまったく別の近代国家への道を歩み始めていたかもしれない。

だが中国はローマ帝国とはまったく別の道を歩み始めた。なぜなら次の王朝「漢《かん》」は一八〇度方向を転換して、儒教を重視する政策をとったからだ。ところでお気付きだろうか？　民族を統一し、初めて大帝国を作ったのは始皇帝である。それなのに、その民族のことを「漢民族」といい、その文字のことを「漢字」という。「秦民族」あるいは「秦字」と言ってもよさそうなものなのに。そうならなかったのは、法治国家という体制が今ひとつ民族の肌に合わなかったからだろう。

やはり「孝」を根本にし、それに「忠」が準じるという儒教の方が漢民族に合っているのだ。そして漢の時代、ついに「儒教を国教にすべきだ」と皇帝に建言する者が現れた。董仲舒《とうちゅうじょ》である。

儒教嫌いの劉備にとり入った叔孫通

「秦」に続く新しい中国（大陸統一国家）である「漢」において、儒教を国教とすべきだと建言した董仲舒とはいったい何者か？　それを語る前に、まず漢王朝とはどのように成立し発展したかを述べておかねばなるまい。

漢を建てたのは劉邦《りゅうほう》（紀元前二五六？〜前一九五年）だ。始皇帝より三歳年上だが身分はずっと低く、日本風に言えば「宿場の親分」のような男だったが、まさに親分肌で人望が厚く家臣に恵まれた。ライバルで天下を争った項羽《こうう》が、自身は天才的武将で自信家なのに、家臣をうまく使いこなせなかったのと対照的だった。

始皇帝の「法治」は圧政でもあり、息苦しさに疲れた民衆の叛乱《はんらん》が各地で起こった。劉邦も項羽もその流れの中で大軍団の長となり、最終的には「法三章」をマニフェストにした劉邦が勝った。「法三章」とは殺人・傷害・窃盗だけを処罰の対象にすることで、始皇帝の法治絶対主義に閉口していた民衆は喝采《かっさい》して劉邦を支持した。

しかし実際に大帝国が立ち上がってみると、さすがに「法三章」だけでは運営できない。それに「皇帝」という称号だけは始皇帝を見習って引き継いだものの（これ以後「皇帝」は中国全土の支配者の称号として各王朝に受け継がれていく)、法を徹底的に排除した漢の宮廷では日本の大名に当たる諸侯が酒が入ると剣を抜いて乱闘し、秩序も何もあったものではなかった。劉邦もさすがにこれはまずい、何とかせねばと考えていた。

ここに叔孫通《しゅくそんとう》という男が登場する。中国人には珍しい二文字姓で、姓が「叔孫」名が「通」であり儒者だった。しかし「述べて作らず」つまり先祖のやり方は変えない(改革はしない)を信条とする儒者の中では極めて珍しい存在で、「時代に合わせて直すべきところは直す」という信念の持ち主だった。保守派は(というより儒者は基本的に保守なのだが)彼を嫌って排除しようとしたが、皮肉なことにその点を評価され、始皇帝の息子の「二世皇帝」に登用されるほどであった。

ちなみに劉邦も大の儒者嫌いだった。ただし始皇帝の「儒者排除」は「法治の障害となる」という思想的理由に基づくものだったが、劉邦の儒者嫌いは「服装とかマナーにうるさいやつは嫌いだ」という子供っぽいものであった。

劉邦は、儒者を見ると冠(これをつけずに人前に出ることは裸で出るのと同じ)を引っぺがし、そこへ小便をしたとも伝えられるが、それほどの儒者嫌いの劉邦の前に叔孫通が現れた。実は彼はこうなることを見越して、前からチャンスをうかがっていたのだ。そして自分なら宮廷の礼式を定めて皇帝の尊厳を保つことが出来ます、と売り込みをかけた。マナー嫌いの劉邦が叔孫通に最初に発した質問が面白い。それは「オレにもできるか?」ということだった。それに対して叔孫は「簡単にしますから」と答えたので劉邦は彼を採用した。

おわかりだろうか？ ここで彼は儒者にあるまじき二つのルール違反をやっている。先祖のやり方を改めたこと。秦に仕えていたのに、それを滅ぼした漢にも仕えたことで「忠」に反する行為だ。だがこの改革は成功し、諸侯は礼式を守って皇帝である劉邦に仕えるようになった。劉邦は感嘆し「われ、すなわち今日、皇帝の貴たるを知るなり」と叫んだ。

つまり儒者、叔孫通の「ルール違反」が儒教国教化の道を開いたのである。

遊牧民族に完勝した「漢」民族

始皇帝の項で述べた遊牧民族と農耕民族の激しい闘争のことを覚えておられるだろうか？ 農耕民族はずっと遊牧民族に勝てなかった。何しろ敵は武器の扱いに慣れており、血を見ても平気だし、馬は自分の足のように乗りこなせる。そして素早く略奪した後、本拠である草原地帯に逃走する。本拠がわかればまだしも彼らは常に移動しているので、追跡することさえ困難なのである。だから農耕民族はずっと負け続けだった。

しかし始皇帝の時代に初めて勝った。何が勝利をもたらしたかといえば、万里の長城によって「蓄積」ができたことである。蓄積とは経済的及び時間的余裕であり、豊富な物質の蓄積のもとに武技を学び、馬術を習い兵器も改良することができた。そこで歴史始まって以来、やっと農耕民族が勝った。だが、そのせっかくの勝利も肝心の秦帝国が崩壊してしまったため元の木阿弥《もくあみ》になった。

漢王朝を建てた劉邦はあまり戦が得意ではなかった。ところが当時の遊牧民族（農耕民族は彼ら（匈奴《きょうど》と呼んだ）のリーダー冒頓単于《ぼくとつぜんう》（名前が冒頓で単于は王を意味する）は、戦の名人であった。彼に敗れた劉邦は毎年食料などの物資を送る約束をした。早い話が降伏したのである。これは劉邦の「黒歴史」としてあまり語られないことだが、事実だ。

その屈辱を晴らし再び遊牧民族である匈奴を屈服させたのは、漢の七代皇帝の劉徹《てつ》だ。この人物、通常は武帝《ぶてい》と呼ばれる。武帝といえば、中国歴史上何人かいるが、彼は最初（死後）に武帝と呼ばれた人であり、なぜそうなったかといえば初めて遊牧民族に対して完璧《かんぺき》な勝利を収めた皇帝となったからである。だからこそ、この勝利を収めた農耕民族のことを「漢」民族と呼び、そう表記する文字のことを「漢」字と呼ぶようになったのである。

前置きがずいぶんと長くなってしまったが、董仲舒はこの時代の儒学者である。彼は儒教のそれまでの伝統的な考え方をまとめあげ、大陸を制覇し遊牧民族を駆逐した偉大なる帝国にふさわしい教義にした。つまり人格神は認めないが「天」という人間を超越した存在が、人間界にどのような影響を与えるかを詳しく理論化したのである。

それを「天人相関説《てんじんそうかんせつ》」という。このたち儒教（儒学）は朱子学や陽明《ようめい》学など様々な「派」に分かれるが、この天人相関説だけは最も根本的な理論いや宗教の教義として継承された。

それは一体どのようなものか？　辞書によれば「人間の行為や政事（人事）と自然現象（天事）との間には密接な関係があるとする説。あらゆる事象に天と人との相関関係を説き、特に漢代において支配的な政治思想として機能した」（デジタル大辞泉）とのことだが、これだけでは何のことかよくわからないだろう。しかし現代でも政治家が何か失敗した時、「私の不徳の致すところ（私に徳が無かったことがこのような事態を招いた）」などと弁明するのも、本《もと》を正せば今から二〇〇〇年以上前の紀元前二世紀に、漢の董仲舒がまとめあげた理論に基づくものなのだ。

日本人は自分の国の歴史が本当にわかっていない。なぜそんなことになるかといえば、日本の歴史学者のほとんどが、宗教を無視しても歴史が研究できると思い込んでいるからなのである。

天子と天の行動が完全に連動する「天人相関説」

董仲舒が作り上げた天人相関説とはどのようなものか？

まず大前提として「天」という人間を超越した存在がある。重要なことなので繰り返すが、これは決してキリストやアラーのような人格神（五体を持ち言葉を話す神）ではない。そのような「怪力乱神」は迷信か錯覚だ。しかし、「天」は実在する。その「天」が乱れた人間の世界（天の下にあるから「天下」）を安定させるために、億兆の人間の中からたった一人の男子（女子はダメ）を選ぶ。これが「天が天下に派遣した子」すなわち「天子」だ。

天子は「天下を平安にせよ」という「天の命令（天命）」を実行し、「天」もこれを支援するから、当然彼は天下を平定し統治する「皇帝」になる。だから天子イコール「皇帝」なのだ。

そしていったん世の中が平和になれば、その皇帝（＝天子）の子孫（これも男系のみ）が、皇帝の地位を世襲で引き継ぐことが許される。これが「漢」や「唐《とう》」などの王朝である。しかし既に述べたように、その子孫が暴君となり悪政で人民を苦しめれば、天は怒って現皇帝の一家とは赤の他人の男を新たな天子に任命する。当然その天子は現皇帝を「放伐（追放あるいは征伐）」して

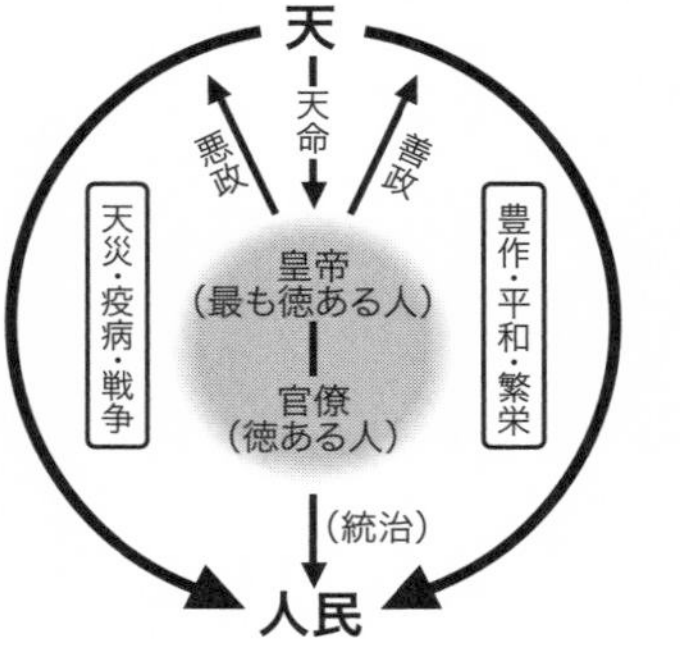

天人相関説

新しい皇帝となる。これが「王朝交替」だ。そして既に述べた通り、これを「天の視点」から見れば、皇帝を世襲する一族を「○」という姓の一族から「×」という姓の一族に易《か》（代）えた、ことになるので王朝交替のことを易姓革命、つまり天命が革《あらたま》（改）り姓が易えられた、と呼ぶのだ。

　これは董仲舒以前に既に確立していた理論、というより宗教だろう。なぜなら「天」の存在自体を科学的合理的に証明することは不可能なのに、彼らはそれを「実在する」と確信しているからだ。「科学で証明できないものを実在すると信じること」を宗教と呼ぶ。

　ただし、極めて重要なことなので、もう一度繰り返すが、中国人はそれでもこうした考えを「儒教」つまり宗教であるとは言いたがらず、「儒学」すなわち理性的な哲学であるとする。宗教とはあくまで「人格神が存在すると信じる迷信」、具体的に言えば仏教やキリスト教やイスラム教のことであって、儒学はそうではないというのが中国人の伝統的な信念だ。

　さて、以上のような「信仰」をさらに一歩も二歩も強化したのが董仲舒なのである。天人相関説とは、一言で言えば「天子（皇帝）の行動と天の行動は完全に連動している」ということだ。天子は天命を受けているので、政治で人民を幸福にする義務がある。ところがまさに「酒池肉林」のような悪政をおこなうとどうなるか？　私が作ったイラストをごらんいただきたい。「天」

は命令に反した皇帝に対し天災、たとえば飢饉《ききん》や台風や地震などを起こし罰を与える。もちろんこれらは自然現象であり、疫病（伝染病）の流行などと同じく人間の責任ではないはずなのだが、それを皇帝の責任だとするのが天人相関説である。

それだけではない。戦争は現代の考えでは人災なのだが、天人相関説ではこれも「天災」とする。たとえば天が遊牧民族の君主の心を操って侵略戦争を起こさせ、「徳を失った皇帝」を罰したと考えるのである。もちろん皇帝が正しい政治をすれば天は豊作や繁栄をもたらしてくれる。

「性三品説」による格付け

それにしても、なぜ天人相関説は権力者に受け入れられたのか？

漢の武帝が董仲舒の天人相関説を受け入れたのは、それが皇帝（天子）の地位を絶対化し、その権力をも絶対化するものだったからである。

思い出してほしい。漢王朝を建てた初代皇帝、劉邦はどんな男だったか？　宿場の大親分である。日本で言えば国定忠治《くにさだちゅうじ》か清水《しみず》の次郎長《じろちょう》だか、それが皇帝になった。一般民衆は初代皇帝が大親分だったことは知っている。そういうことは歴史書に書かれなくても、後世に伝えられていく。人の口に戸は立てられないからだ。武帝は七代目だから子供の頃から「プリンス」として育てられた。しかしそういう人間であればあるほど、自分が大親分の子孫に過ぎないことは隠したいし、そのうえで自分が先祖より優れた存在であることをアピールしたい。客観的に見ても、農耕民族の長として初めて遊牧民族に完勝した武帝は、劉邦に匹敵するかそれ以上の優秀な皇帝だ。

その武帝の思いにつけこんだのが董仲舒だった。劉邦の時代、儒者・叔孫通が進言し宮廷に儀礼を普及させ皇帝の権威を高めたように、武帝の時代に儒者・董仲舒は天人相関説を案出し、皇帝は言わば天の代理人であり、人々は皇帝を通してのみ天の恩恵を受けることができるという「信仰」を確立させたのだ。天人相関説は、本来なら不可抗力の災害まで皇帝のせいにされるというデメリットはあるものの、皇帝は他の人間とはまったく違う至高の存在であることを保証するものであった。

董仲舒は天才御用学者と言うべきだろう。「御用学者」というのは、時の権力が望む形で儒教そのものを変えたからで、「天才」と呼ぶのはその改変の中身があまりに「見事」で、その後二〇〇〇年近く中国を呪縛《じゅばく》したからである。実はその呪縛は現代の中華人民共和国にも及んでいる。それほど中国そして中国人が受けた思想的および政治的被害は甚大だった。

ずるがしこい董仲舒は、皇帝の権威をこれ以上無いほど高めるために「天人相関説」に加えて「性三品説《せいさんぽんせつ》」というトンデモナイ教義を儒教に加えた。「品」とは人の品性であり本来持っている性質のことだが、それまでの儒教においては孟子の唱えた性善説（人はもともと善人である）と、荀子《じゅんし》という学者の唱えた性悪説（人は本来悪人である）とが対立していた。しかし、そのうえで孟子は「さらに修養に励めば仁（完全な人格）」になれると説き、荀子は「だからこそ誰もが修養に励まねばならぬ」と説いた。両者の共通点は、いずれも人格を磨くために個人の努力が必要であると考えていたことだ。

ところが董仲舒の性三品説は全く違う。人間の品性には上品《じょうぼん》、中品《ちゅうぼん》、下品《げぼん》の三種類があるが、このうち下品の人間は生まれつきの「悪」で改善する余地はまったく無いとした。つまり人間の努力の余地を全く否定したのである、性悪説の荀子でもそんなことは言っていない。そして、問題は圧倒的多数を占める中品をどうするかだが、董仲舒はそれを正しい方向に導けるのは生まれつきの「善」であり上品中の上品である皇帝しかいないと規定したのだ。

これでは皇帝は神に等しい特別な存在になる。それが董仲舒の狙いであり武帝の望みであった。だからこそ紀元前一三六年、武帝は満を持した董仲舒の「諸子百家は排除し、儒学（儒教）のみを官学（国の公式学問）とすべし」との建言を採用したのである。

天才御用学者のかけた二〇〇〇年続く「呪い」

本書のタイトルは『絶対に民主化しない中国の歴史』である。何を今更と思われるかもしれないが、実は、この日本人はほとんど知らない董仲舒という人物こそ「中国を民主化できない国」にした最大の「功労者」なのである。中国という国はその後二〇〇〇年以上、董仲舒のかけた「呪い」に苦しんでいる。いや正確に言えば、それを「苦しみ」と感じないところが現代中国最大の悲劇と言ってもいい。たとえて言えば、不治の病におかされているのに、その自覚も無く治療の必要すら感じていないということなのだ。

では、どうしてそう言えるのか？　ここは全く違う文明圏であるヨーロッパ社会と比べるのが一番わかりやすいだろう。董仲舒は漢の武帝に、皇帝の権威を高めるために、改変した「儒教」を提供した。西ヨーロッパで同じことをしたのが、カトリック教会の総本山であるローマ法王庁

（バチカン）であった。それを「神寵帝理念《しんちようていりねん》」という。簡単に言えば「ローマ皇帝とは神によって選ばれた存在である」と認めたわけで、ここまでは中国の「皇帝とは天に選ばれた天子である」という儒教の思想と同じである。

この思想は西ローマ帝国崩壊後も、個々に独立したフランスやイギリス王国に受け継がれた。「王権神授説」といい、やはり「国王の支配権は神から与えられた、それゆえ人民は国王の命令には絶対に服従すべきだ」ということだ。もし、これが正しければ国王への反逆は神への反逆となり「絶対悪」となる。ところが実は大ウソであった。聖書のどこを読んでもそんなことは一行も書いていない。つまりバチカンを見習い、各国が国王の権威を高めるために捏造《ねつぞう》したものだったのだ。

この大ウソは長らくバレなかった。なぜなら、当時の聖書はローマ帝国の言葉であったラテン語で書かれていたが、そのローマ帝国崩壊後、西ヨーロッパは民族国家に分かれていたので、ラテン語は死語になっていたからだ。早い話が、庶民だけでなく王侯貴族も聖書が読めず、バチカンの支配下にある大司教や神父などの聖職者から「神の教えはこうだ」と説教を受けていただけだった。

だが聖職者の中にも上層部に批判的で良心的な人間もいる。たとえばドイツのマルチン・ルターは初めて聖書をドイツ語に訳し、この大ウソを暴いた。そこで彼らプロテスタント（バチカンにプロテスト＝抗議＝する者）の見解が西ヨーロッパ全体に広がり、特にフランスでは「神はすべての人間は平等だと説いておられる」ということで、国王の政権を打倒し、国王ルイ一六世の首をギロチンでちょん切った。いわゆるフランス革命（一七八九年）だが、これが実行可能だったのは本来のキリスト教が万人平等を説いているからである。

イギリスの植民地から独立したアメリカ合衆国も同じことで、「アメリカ独立宣言」には「われわれは、以下の事実を自明のことと信じる。すなわち、すべての人間は生まれながらにして平等」と明記されている。

つまり民主主義の成立に最も必要な条件は「万人平等」という信念であって、だからこそマザー・テレサも「手癖の悪い常習犯罪者」も平等、つまり「一人一票」でいいことになる。

しかし人間の「格付け」をしてしまえばどうなるか？　おわかりだろう、民主主義など生まれようもないのである。

中国文明には無い「平等化推進体」

本書で一番わかりにくいところが、今述べている部分かもしれない。

それは読者であるあなたの責任ではない。日本の歴史教育、いや正確に言えば日本の社会科教育がなっていないからである。私の愛読者にはよく理解して頂いていると思うが、今本書を読んでいる方の中には「ホントかな」と疑いの目で見ている人もいるかもしれない。疑いの目を持つのは大変結構なことで、そういう姿勢はこれからも持ち続けていただきたいのだが、ここで私が述べているのは、まぎれもなく真実である。そのことをもう少し分かりやすく説明しよう。

まず基本中の基本だが、民主主義は「すべての人が平等である」という確固たる信念がないと成立しない。ところが、現代の日本人が空気のように「あたりまえ」と思っている、この「万人平等」という考え方は、長い長い人類の歴史の中で成立したのはここ数百年、つまり「ごく最近」のことなのだ。なぜそうなのかと言えば話は簡単で、人類の常識に反するからだ。

万人は決して平等ではない、そうではないか。誰でも大谷翔平《おおたにしょうへい》になれるわけではないし、精神性という観点から見ても、毎日人のために尽くしているボランティアもいれば、人を傷つけたり盗むことしか考えていないトンデモナイ悪人もいる。それなのに、なぜ「一人一票」で平等なのか？

神の存在を認めるからである。ヒト同士で背比べをすれば確かに「背の高い人」もいれば「低い人」もいる。しかし身長三メートルのヒトはいない。だから地球のようなヒトよりはるかに巨大なものと比較すれば、ヒトは必ず身長三メートル以内の「どんぐりの背比べ」で全員平等になる。これと同じで人間をはるかに超越した神の存在を認めれば、その前においては「マザー・テレサ」であろうが「常習窃盗犯」であろうが、平等で構わないということになる。私はこうした存在を「平等化推進体」と命名した。私が創造した学術用語である。

もうおわかりだろうが、文明の中に平等化推進体が存在しない限り、民主主義は絶対に誕生しない。万人平等にならないからだ。そして中国文明の中には、この平等化推進体が二〇〇〇年前から存在しない。だから絶対に民主化できない。

民主主義を実現するチャンスはあった。まさにこの董仲舒が儒教を改変したときである。せっかく「天」という人間を超越した存在である平等化推進体「候補」があったのだから、福澤諭吉《ふくざわゆきち》のように「天は人の上に人を造らず人の下に人を造らず」などとしておけば、中国にも民主主義が生まれただろう。

しかし、董仲舒は逆の作業をした。天は人間を「上品、中品、下品に分けた。その中で上品中の上品が皇帝だ」という、当時の政治体制に媚《こ》びる改変を実行したために、中国社会はその後「万人は決して平等ではない」という民主主義社会とは真逆の信念を抱き続ける社会となった。人間を「三品」に分けたのが「天の意思」だと考えるならば、「選ばれた優秀なエリートが愚かな大衆を指導する体制」が絶対に正しく、「一人一票などという愚か者にも権利を与えるような体制」は間違っている。そこで中国は皇帝制が滅んだ後も中国共産党がその信念を受け継いだ。

董仲舒の「呪い」は未《いま》だに中国を呪縛しているというのは、このことなのである。

文帝と煬帝

でっち上げられた孔子の教え

本項のタイトルは「ぶんてい」と「ようだい」と読む。中国隋《ずい》王朝の初代と二代の皇帝で、なぜ同じ皇帝なのに「てい」と「だい」と読み分けるかの説明は後回しにして、ここではまず漢《かん》の董仲舒《とうちゅうじょ》以降、宗教としての儒教がどのように整備されていったか、それを述べたい。

もっとも肝心なことは、董仲舒によって皇帝制を正当化するための宗教としての儒教が誕生したことだ。それゆえ「儒教とは孔子《こうし》を開祖とする宗教」という見方は実は間違いなのである。

孔子という「物分かりの良い賢者」は確かに歴史上実在した。しかし、孔子は「皇帝は天に選ばれた至高の存在だ」などとは一言も言っていない。そもそも孔子の時代は始皇帝《しこうてい》より前で「皇帝」という言葉すら無かった。秦《しん》によってそれが生まれ漢に引き継がれた時、天才御用学者の董仲舒がそれまでの「孔子、孟子《もうし》の教え」を再編成し「皇帝制を正当化するための宗教」としたのである。

一般に儒教の聖典とされるものに四書五経がある。その名の通り九種類の書物で四書は、孔子の言行録である『論語《ろんご》』、孟子の言行録である『孟子』、それに『大学』『中庸《ちゅうよう》』が加わる。『大学』『中庸』の説明は後回しにさせて頂く。なぜならこれが四書という形で正式に儒教の聖典となったのは、なんと董仲舒の時代から一〇〇〇年以上も後の話だからだ。最初は五経しかなかった。しかも、それは董仲舒の後継者である漢代の儒学者たちが「整備」していったものだ。いや整備と言えば聞こえは良いが、実際には「でっち上げ」である。

たとえば五経のうち『詩経《しきょう》』は中国の古い詩歌を集めたもので、日本で言えば『万葉集』に相当し、ここに載せられている古代詩歌は本物である。しかし、漢代の儒学者たちは『詩経』を孔子が編纂《へんさん》したものとした。また占いの書である『易経《えききょう》』も孔子が編纂したものとした。孔子を聖人に祀《まつ》り上げるための陰謀である。

『書経《しょきょう》』は歴史書だが、これはもっとひどい。皇帝制正当化に都合のいいように、儒学者たちが孔子の名で勝手に歴史を書いたものなのだ。『春秋《しゅんじゅう》』も「経」という字はついていないが、五経のうちの歴史書で、簡潔に書かれた年表のようなものだが、これも「孔子作」とされた。最初にそういうウソをついたのは孟子で、「孔子は歴史をただすために書いた」とした。それを漢代の儒学者たちが受け継いだ。簡潔な記述の中に「孔子の真意」を読み取ることが大切だと主張し、その「真意」は「皇帝制が正しい」ことだとデタラメを述べ、そして本文よりも得手勝手な注釈書を重視した。『春秋左氏伝《さしでん》』がその代表的な注釈書だ。

ここで気が付いていただきたいのは、なぜ四書それも孔子の考えが一番よくわかる『論語』が儒教の『聖典』に加えられなかったか、である。おわかりだろう、「ウソがバレる」からである。漢は五経博士を置いて、この新作「儒教」の普及に努めた。そうなってくると歴代の皇帝たちは、人間には品性の差があるのだから、優秀な品性と能力を持つ人間を選抜して政治にあたらせれば良いのではないかと考えだした。問題はどうやって選ぶかだが、五経を受験科目にしたペーパーテストで選べば良いと思いつき実行した皇帝がいる。それが隋の文帝なのである。

命名にみる中国人の傲慢な優越感

漢から、隋が文帝によって建てられるまで、なんと七〇〇年近くの歳月が流れている。日本で七〇〇年というと平安時代から戦国時代までがそうだから、中国という国の歴史のボリュームは凄《すご》い。

ただ、この七〇〇年間、儒教にとってはほとんど進展らしい進展はなかった。というのも「中国」という形での統一がうまくいかず、分立国家の混乱状態だったからだ。

「ケチのつき始め」は漢が叛乱を起こした家臣に一時滅ぼされたことだろう。幸いにもその反逆者の王朝「新《しん》」は漢王朝の一族の劉秀《りゅうしゅう》によって倒され、漢は復興した。劉秀は後世「後漢《ごかん》の光武《こうぶ》帝《てい》」と呼ばれたが、ちょうどこの辺りから時代は紀元前から紀元後に入る。そして紀元五七年には日本列島のどこかにあった小国の首長が、光武帝に使者を送り、「漢委奴国王印《かんのわのなのこくおういん》」をもらっている。

始皇帝の項で述べたように、「国王」とは中国皇帝の臣下である「周辺地域の首長」を意味する。つまりこの「奴国」は中国の傘下に入ったわけで、もっとわかりやすく言えば「中国という大親分」の盃《さかずき》をもらって喜んでいたということだ。つまり、この段階では日本列島の「クニ」はその程度のレベルのものだった。

もう一つ注目すべきは、「な国」が漢字では「奴国」と書かれていることだ。これは「中国という大親分」の「悪い癖」で「子分の国」や「敵」に対しては、当て字をする際わざわざ悪い意味を持つ字を使う。たとえばモンゴル。彼らは自分たちのことをモンゴルと呼んでいた。だから発音は正しいのだが、「蒙古《もうこ》」という字を当てるのは、中国人の傲慢《ごうまん》な優越感によるものだ。「無知蒙昧《もうまい》で古臭い」ということだからである。

中国人はご丁寧にも「中華の国（中国）」の周辺の東西南北に住んでいる野蛮人（中国人でなければ原則として野蛮人）にすべて名前を付けた。東夷《とうい》、北狄《ほくてき》、西戎《せいじゅう》、南蛮《なんばん》である。日本は中国から見て東に当たるから、日本人は東夷に含まれる。だからこの時代の歴史書『後漢書東夷伝』に我々の祖先のことが載っている。

後漢も衰えて分裂し、日本人も大好きないわゆる「三国志」の時代となった。三国とは魏《ぎ》、呉《ご》、蜀《しょく》で、日本の「邪《や》」馬《ま》台《たい》国の女王「卑《ひ》」弥呼《みこ》（「邪」も「卑」も悪字であることに注意）が使者を送ったのは魏の皇帝に対してだ。だから、このことが『魏志倭人伝《ぎしわじんでん》』に載っている。この「倭」という字も悪字で、のちに我々の祖先はこれを「和」に代えた。

ところで、この時代は戦国時代のようなものだから誰が正義だということはないのだが、三国志ファンはご存じのように、劉備《りゅうび》が善玉で曹操《そうそう》は悪玉である。なぜそうなったかといえば、劉備は「劉」備であり「天子の正統な後継者」とみなされたからなのである。つまりこれも儒教の影響だ。

その後の歴史は漢民族にとって触れられたくない歴史だろう。一言で言えば分立状態で「中国は無かった」のである。だから仏教や道教が盛んになったりもした。だが再び国土を統一し中国を再建したのが隋だ。だから文帝は儒教を重んじ科挙《かきょ》の制度を作った。二代目の煬帝は国土の北と南を連結する大運河を作った。ところがこの世界最高の国、中国にいちゃもんをつける国が現れた。

「日本」と名乗る「こしゃくな国」である。

野蛮人の住む「日本」から届いた無礼な国書

文帝は「ぶんてい」と読むのに煬帝はなぜ「ようだい」と読むのか。暴君だったからである。日本では暴君や位を追われた皇帝や天皇については、「帝」を「てい」ではなく「だい」あるいは「たい」と読む習わしがある。

二〇二二年のＮＨＫ大河ドラマ「鎌倉殿の13人」にも出てきたが、後鳥羽《ごとば》上皇が承久《じょうきゅう》の乱を起こし北条義時《ほうじようよしとき》に負けた時、時の天皇も廃位された。九条廃帝《くじょうはいたい》という。ちなみに「煬」という字も隋を滅ぼした唐が「贈った」もので、彼の本名は楊広《ようこう》という。「楊」が姓で「広」が名だ。これに対して「煬」は「楊」と発音は同じだが悪い意味になる。「大親分のいつもの癖」だ。

確かにこの人物は長男でもないのに長男を押しのけ、二代目皇帝となり強引な政治をした人だった。だが秦の始皇帝が万里の長城を築き中国の領域を確立したように、煬帝は本土の北と南を結ぶ大運河を作り中国経済発展の基盤を作った。ではなぜその大運河を作った煬帝が二代にして隋を滅ぼしてしまったかと言えば、あまりにも性急に結果を求めたため、多くの人民が土木工事に駆り出され苦しんだことが一つ。もう一つは中国統一の余勢をかって朝鮮半島も制覇しようとしたが、その一番中国寄りである高句麗《こうくり》に大敗北したからである。

高句麗は朝鮮半島三国（ほかに百済《くだら》、新羅《しらぎ》がある）の中でも最も軍事的に強い国家で、煬帝は歴代中国皇帝の中で初めて高句麗攻略を実現し歴史に名を残そうとしたのだが失敗した。その結果、国がボロボロになり、あちこちで叛乱が起こり、煬帝は逃げる途中に家臣の裏切りで殺された。そこで有力家臣の一人であった李淵《りえん》が唐を建国したのである。

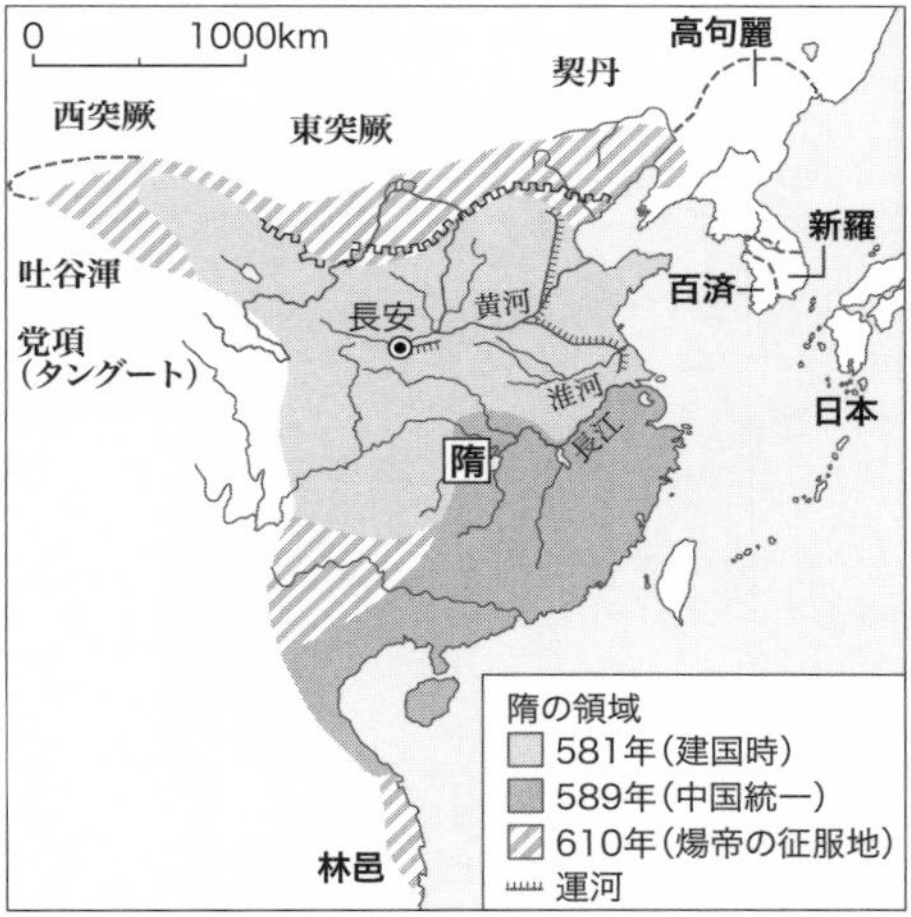

隋代の中国

まだ叛乱が起こる前の話である。自信満々に国を統治していた煬帝のところに、ある国から国書が届いた。その国書を見た煬帝は、まず仰天し次に激怒した。最近まではヤマトと名乗っていた国の国書の書き出しは「日出処《ひいずるところ》の天子、日没処《ひぼっするところの》天子に書を致《いた》す、恙《つつが》なきや」だったのである。現代語で超訳（笑）すると「太陽が昇る国の天子から、太陽が沈む国の天子に挨拶送るぜ、元気かい？」ということだ。これが中国人から見ればどんなに無礼な国書かおわかりだろう。

そもそも世界の中心である中国の天子以外に、

天子などいるはずがないのである。中国でない場所はあくまで野蛮人の住む地域であり、その地域の首長が中国皇帝（＝天子）に頭を下げ膝《ひざ》を屈して献上品を捧《ささ》げ「どうかあなたの家来にしてください」と言ってきたのなら、「よしよし殊勝な心がけだ」と、皇帝はその人物をその地域の国王に任命する。もちろんそれは「中国親分の盃《さかずき》をもらって子分になる」ということで両者に対等の関係はあり得ない。

にもかかわらず、この無礼千万な「日本」は自分たちの首長も中国皇帝と同じ天子だと「ぬかした」うえで、対等な関係をもとめてきたのである。つまりこの頃から後に「日出処」つまり「日本」と名乗る国の首長は中国と同じ天子だという感覚があったが、中国と同じ「皇帝」という称号では差別化できないと思ったのだろう、「天皇」と呼ぶようになっていったということだ。

そして中国人にとってもう一つ不愉快なのは、実はこの「日本」という国号なのである。

中華思想という名の〝文化差別〟

日本とは「日の本」つまり太陽ののぼる国である。方向から言えば当然「東の国」だ。しかし、東西は基準点が無いと決まらない。たとえば東京はなぜ「東」京なのかと言えば、それまで都だった京（京都）の東にあるからで、日本はなぜ日本なのかと言えば中国の東にあるからなのだ。つまりこの時代以降、日本が中国皇帝に対して天皇と名乗ったように、日本とは中国と対等であることを強く意識した国号なのである。

前に紹介した中国（この時は隋）にとってみれば「無礼千万」な「タメ口」の国書は、聖徳太《しょうとくたい》子《し》（廏戸皇子《うまやと》）が送ったと言われている。ここで「中国大親分」の気持ちになって考えてみよう。まだ日本に統一政権がない頃、中国は既に統一されていた。そこへ卑弥呼とか「倭《わ》の五王」などと呼ばれる連中が、頭を下げてやってきた。

任侠《にんきょう》映画にたとえれば、大親分に対して「まだ駆け出しでございますが何卒《なにとぞ》お見知りおきを。親分の盃をいただきとう存じます」と言ってきたということだ。「そうかしっかりやれよ」と親分は「盃」をくれた。それが金印（卑弥呼ももらったと伝えられている）で、金印はすべて「国王印」だから、これは中国皇帝の家来である印でもある。

ところが、最初はヤマトとか倭とか名乗っていた連中が日本列島を統一（といっても西日本だけだが）し、力をつけてきたとたん、「オレたちも新しい組を作った、よろしくな。これからは親分子分でなく五分の付き合いを頼むぜ」と言ってきたのだ。これが東映《とうえい》任侠映画なら間違いなく日本は悪役で（笑）、大親分つまり隋の煬帝が激怒したのも当然ということになる。

しかし、これは映画ではなく歴史の話だから、もちろん日本にもきちんとした言い分がある。それは端的に言えば「中国よ、差別をやめろ」「他の文化の存在も認めよ」ということだ。

中国とは、実は完全な差別主義の国なのである。ただし人種差別とは話が違うので文化差別と言っておこうか。つまり中国文化（中華文明）だけが文化であって、他の国家あるいは民族はすべて野蛮で文化など持っていないというのが、中国の立場である。中国つまり中華の国とはそもそもそういう意味で、これを中華思想と呼ぶ。

人種に基づく差別では無いので、たとえ日本人であっても遊牧民族であっても、中国文化、特に儒教をしっかりと身に付ければ政府高官にもなれる。唐の時代に日本人、阿倍仲麻呂《あべのなかまろ》は中国で高級官僚に登用された。煬帝も母親は遊牧民族の出身である。人種差別のある所ならば大変なことになるはずだ。しかし、確かに煬帝は暴君として批判されてはいるが、野蛮人として否定されたわけではない。逆に周辺国にどんな文化があろうとも中国はそれを認めない。当然、皇帝と対等な国家元首も認めない。そこを日本が「そういうことは、やめるべきだ」と東アジアで初めて問題提起したのである。中華思想に対する果敢な挑戦と言えるだろう。

これ以後、日本はこの問題について中国と正式に協議することはなかった。簡単に言えば「棚上げ」にしていたのである。では中国が天皇を中国皇帝と対等の存在と認めたのは一体いつのことで、誰がそれを成し遂げたのか？

ご存じならば大変結構なのだが、多くの日本人はその画期的な功績を挙げた人物のこともきれいさっぱり忘れている。

日本の歴史始まって以来の大功績

明治の初期に征韓論《せいかんろん》という大問題が起こった。西郷隆盛《さいごうたかもり》が「オレが解決する」と朝鮮半島に渡ろうとしたが、大久保利通《おおくぼとしみち》らに妨害され激怒し、下野するきっかけとなったのは有名だ。この征韓論も実は儒教が起こした外交問題なのである。いずれ詳しく解説するが、とりあえず「儒教の問題」ということは記憶に留《とど》めていただきたい。

その西郷が征韓論を解決するにあたっての覚悟を述べた、板垣退助《いたがきたいすけ》あての手紙があるのだが、その中に次のような文言がある。現代語訳すれば「副島《そえじま》君のような立派な使節にはなれないかもしれないが死ぬことぐらいはできる」なのだが、この副島とは何者かと言えば、その直前まで明治政府の外務卿《きよう》（外務大臣）をやっていた、佐賀出身の副島種臣《たねおみ》のことだ。では、なぜ西郷が「立派な使節」と絶賛しているかと言えば、副島が日本の歴史始まって以来の大功績をあげたからなのである。もうおわかりだろう。副島は初めて、中国（当時は清）皇帝に日本の天皇は対等同格の存在であると認めさせたのである。

正直言って日本単独では認めさせることは無理だっただろう。しかし当時はアヘン戦争の後で、欧米列強が清国を散々痛めつけていた時代である。もちろんイギリスもフランスも中華思想は認めないから、中国と各国は対等であるとの立場を貫こうとしていた。悪く言えば副島はその流れを利用したと言えるかもしれないが、とにかく日本民族の悲願であり、聖徳太子以来一二〇〇年以上も誰も成し遂げられなかった外交的課題を副島は見事に解決したのである。

これを中国の立場から見てみれば、実に不愉快だということがわかるだろう。日本とはもともと「こしゃく」で「生意気」で「先輩の恩を忘れた国」である。その国の天皇と中国皇帝が対等とは絶対に許せない、ということだ。

日本人は中国が中華思想にこだわる限りは、必ず憎まれる存在であることを覚悟しておく必要がある。それは中国共産党体制においてもそうで、習近平《しゆうきんぺい》以後、中国はますます中華思想へ回帰しつつある。それがつのればつのるほど、日本に対する憎悪が深まるということは覚えておいた方がいい。逆に中国が真に民主化して中華思想を捨て普通の国になれば、本当の友好関係を築くことができるだろうが、今のところそれは夢のまた夢である。

さて、煬帝に戻ろう。実は煬帝は聖徳太子の「無礼極まる」国書を受け取った後も、日本と完全に断交はしなかった。高句麗問題があったからだ。朝鮮半島制覇と言い換えてもいいが、この半島にある三国（高句麗、百済、新羅）をなんとか、中国の「子分」にしたいというのが中国歴代皇帝の長年の夢であった。その夢の実現のため、煬帝は日本の軍事力の利用を考えていたのだ。

これは遠交近攻《えんこうきんこう》策と呼ばれた中国の伝統的戦略で、目の前に征服したい国がある場合、その向こう側にある国と外交で同盟を結び、挟み撃ちにするというやり方だ。国面積としてはずっと小さいイギリスが大国インドを征服したのもこのやり方で、極めて有効な戦略と言えるだろう。ところが、既に述べたように結局煬帝にとっては高句麗問題が命取りとなり、自身は殺され隋は滅んでしまった。

そうした中、「生意気な」日本がとうとう「図に乗った」。こともあろうに中国に戦争を仕掛けてきたのである。

武則天

（則天武后）

日本は武則天に負けた

私は何十年も前から日本歴史学の欠陥を指摘し続けている。その欠陥の中で、今回は日本歴史学がいかに「視野が狭い」かを実例を挙げてご説明しよう。

「図に乗って」中国に戦争を仕掛けた日本人とは中大兄皇子《なかのおおえのおうじ》（後の天智《てんじ》天皇）である。隋《ずい》が滅んで唐《とう》が誕生した。唐は「遠交近攻策」のパートナーとして朝鮮半島三国のうち新羅《しらぎ》を選んだ。新羅は後に半島を統一するので最も強い国家だったと思われているが、実は弱かった。強いのは高句麗《こうくり》で何度も中国の侵略をはね返していた。そこで唐は新羅と組んで高句麗と百済《くだら》を滅ぼす作戦を取り見事に成功した。まず百済が唐・新羅連合軍に滅ぼされた。

ところがこの百済という国、日本と最も仲の良い朝鮮半島の国であった。どれぐらい仲が良かったか説明したいのだが、残念ながら本書は中国史がテーマであり紙数も足りない。ただ当時、日本を仕切っていた大和《やまと》朝廷の事実上のトップである中大兄皇子は、百済復興のために日本が全力を挙げて支援することを決意した。もっとわかりやすく言えば、唐・新羅連合軍と戦う決意を固めたのである。「倭《わ》の五王」の時代にそんなことを言ったら、頭がおかしくなったと思われただろう。だが中大兄皇子には自信があった。自信がなければ兵（百済兵もいた）を率いて朝鮮半島に攻め上ったりはしない。だがご存じのように、この唐・新羅連合軍対日本・百済連合軍の「白村江《はくすきのえ》の戦い」（六六三年）は日本が惨敗し百済復興は夢と消えた。

さてここでクイズをひとつ。戦争というのは相手があってやるものである。大陸から本格的に攻めてきた「元《げん》」の時は、敵のトップはフビライ・ハーンであった。第二次世界大戦ではアメリカはルーズベルト、イギリスはチャーチル、ソビエト連邦（現ロシア）はスターリンが「敵の大将」であった。そんなことは知っているよとおっしゃるなら、一つ答えていただきたい。日本が白村江で惨敗した時、中国（唐）のトップは誰だったのか？　日本は一体誰に負けたのか、ご存じですか？

実は本項のタイトルになっている人物である。後に中国史上唯一人、女性の身で皇帝になった武則天《ぶそくてん》である。白村江の時はまだ身分が高宗《こうそう》皇帝の皇后だったので、正確には「日本は則天武后《そくてんぶこう》に負けた」と言うべきだが、あなたはこの事実をご存じでしたか？

これは別に「井沢新発見」でも「新解釈」でもなんでもない。この時期、高宗が彼女の「あやつり人形」だったことは中国史の常識中の常識で否定する人は誰もいない。垂簾聴政《すいれんちょうせい》という中国史の用語がある。原則としては皇帝がまだ幼い時、母や祖母が代わって政治をやることだが、男尊女卑の儒教社会ではそういう場合でも女性が顔を出すことは許されない。それゆえ日本でも天皇が使った御簾《みす》を垂らして、その中から指示を出していた。

いうまでもなくこれは非常措置だが、則天武后は立派な大人である自分の夫、高宗をこの形で操っていた。だから「日本は則天武后に負けた」のだが、視野の狭い日本の歴史学では気づいてもいないので教科書に載っていない。

それだけではない。後に彼女は中国史上「空前絶後」の女帝となるのだが、あなたはお気付きだろうか？　これは「日本のマネをしたのだ」という歴史的事実を。

群を抜く美貌と恐るべき野望

本書でなぜ武則天を取り上げたのか。それは儒教社会における男尊女卑がいかにひどいものか、知っていただく実例としてである。逆にそれを知れば、武則天という女性がいかに凄《すご》い女であるか理解していただけるだろう。

くり返すが、儒教社会は徹底的な男尊女卑の世界である。先に述べた垂簾聴政つまり皇帝がまだ幼い時、その母親か祖母が御簾の奥で政治を執ることだが、なぜ「カーテンの奥」にいなければならないかというと「女は絶対に表に出てはいけない」からだ。日本の天皇が御簾の中に入って人に会うのは、その尊厳と神秘性を保つためだが、中国は違う。「男がやった」という形を保つため「女は引っ込んでいろ」というのが儒教社会だ。

また儒教社会は完全な夫婦別姓である。何故かご存じだろうか？　私が若い頃は左翼系の学者や政治家が「だから中国の方が進んでいる」などというバカなことを言っていた。歴史を知らないにもほどがある。夫婦別姓なのは、女は「員数外の産む機械」だからだ。

生まれた子供は男児であれ女児であれ、父親つまり男系のＤＮＡを持っているから父親の姓が名乗れるが、妻はあくまで他人だから何人子供を産もうと絶対に同じ姓は名乗らせない。もっとわかりやすく言えば「家族の正式メンバーにはしない」ということで、だからこそ夫の意思でいつでも離縁できる。徹底的に女性を蔑視《べっし》するからそういう社会になるわけで、儒教社会では女が表に出ることとすらタブーなのだ。そんな社会で男どもを押しのけて皇帝になることは、いかに大変なことかわかるだろう。彼女は一種の天才だが、ただの「頭の良い女」ではない。

武則天の「則天」とは皇后あるいは皇帝としての名で、本名は武照《ぶしょう》という。姓が「武」で名が「照」だ。絶世の美女だったようだ。早くも少女時代に見いだされ、唐の太宗《たいそう》皇帝の後宮《こうきゅう》つまりハレムに入れられ太宗の寵愛《ちょうあい》をうけた。ところが、その後、太宗はあっけなく死んでしまった。こうした場合、日本の大奥と同じで後宮の女性はすべて出家し皇帝の菩提《ぼだい》を弔うことになっていたが、彼女はこの掟《おきて》をすり抜けた。仏教ではなく道教の道士になるという手を使ったのだ。これなら俗界との縁は切れない。

その彼女のもとに、太宗の跡を継いだ高宗皇帝（後に彼女の夫となる）の皇后からのお召しがあった。王《おう》氏出身である王皇后と高宗の間には子がいなかった。そのせいもあってか、高宗は若い淑妃《しゅくひ》（皇后より身分は下だが「夫人」の一人）のもとに通うようになった。蕭《しょう》氏出身なので蕭淑妃と呼ぼう。王皇后は高宗の愛を取り戻すために、手元に美女を置く必要があったが、そこで彼女に目をつけたわけだ。こうしたことからも、彼女の美貌が群を抜いていたことがわかる。高宗もたちまち彼女のとりこになって子供までもうけた。

ところが、彼女は自分を引き立ててくれた恩人である王皇后とライバルの蕭淑妃をまとめて葬り去り、自分が皇后になるというとんでもない野望を抱いた。ある時、皇后が子供の様子を見に来た。彼女と高宗の間にできた女子である。それを皇后が帰ったあと彼女は自らの手で毒殺し、その後、何食わぬ顔で高宗と一緒にもう一度部屋を訪れ、仰天したふりをして「皇后さまが殺したに違いない」と泣きわめいたのである。

「女が皇帝になってもいいじゃないか」

いくら皇后になるためとはいえ、自分の娘は殺さないだろうとの反対論もあるのだが、それは甘い考えというものだろう。それなら、なぜ直前まで皇后であった女性が身分を廃されただけでなく罪人にまで落とされたのか、説明がつかなくなる。しかし、彼女（武照）の娘は高宗皇帝の娘でもあるから、それを殺したと誤解されれば罪人に落とされても不思議は無い。やはり彼女が殺し、その罪を王皇后になすりつけたのだろう。

まんまと皇后に昇格した彼女は、ここからは則天武后（武氏出身の則天皇后）と呼ばれるわけだが、今度はその権限を使って元皇后とやはり罪人に落としていた元淑妃を二人とも処刑してしまった。処刑方法は残忍極まるものだった。着衣を剝《は》いで丸裸にし、百叩《たた》きにした上で両手両足を切り落とし、出血多量で「楽に」死なないよう大きな酒壺《さかつぼ》に首だけ出す形で放り込んだ。彼女らは三日三晩激痛にもだえ苦しみ死んだという。

しかも、どうやら彼女は夫の高宗の目の前でそれをやらせたらしい。高宗は太宗の九男坊で甘やかされて育ち、「帝王学」も受けていなかった。長男として生まれたら、それなりの帝王学を受ける。たとえば子供の頃から死刑執行を見学させたり、戦争に従軍させたりして胆力を養う。ところが高宗は九男坊だったのに、たまたま兄たちに支障があったので、思いもかけず皇帝になってしまった。身体も弱かった。そこが則天武后のつけめだった。残酷な処刑を見せられ、おそらく高宗は小便をちびるほど恐れおののいたのではないか。この後は彼女の言いなりになる。しかも、だんだん体が弱って病床にふすことも多くなった。私は彼女が医者に命じて毒を盛らせていたのだと思う。だから、これ以降は則天武后の「天下」なのである。

則天武后は腰抜けの夫、高宗を「カーテンの奥」から操った。だからこそ、この時代に唐は、あの「こしゃく」で「生意気」で「図に乗った」日本を白村江で叩き潰《つぶ》し、百済だけでなくとうとう高句麗まで滅ぼした。歴代、皇帝と名乗った男どもが誰一人成し遂げられなかった大偉業を達成したのである。

しかし彼女がどんな業績をあげようと、「女はひっこんでいろ」の儒教社会では彼女はあくまで「黒幕」に過ぎず、手柄は全部腰抜けの自分の夫のものになってしまう。歴史にもそう書かれる。そこで彼女がどう思ったか、誰でも手に取るようにわかる話ではないか。

「なぜ女は皇帝になれないのか、絶対におかしい」ということである。ここで極めて重要なのは、この時代、日本と中国は戦争をしたということである。これがこれより一〇〇〇年前の話だったら、東海に浮かぶ小さな島国のことなど大中国は眼中にも無かっただろう。しかし戦争をした。「彼(敵)を知りおのれを知らば百戦殆《あやう》からず」、敵のことは徹底的に調べろと孫子《そんし》が言ったのはこれより一〇〇〇年以上も前のことだ。当然、則天武后も日本の情報は大いに集めたに違いない。そうすれば、白村江の時の日本側のトップは中大兄皇子の母の斉明《さいめい》天皇だったということも、あの「無礼なタメ口」の国書を隋に送った聖徳太子《しょうとくたいし》もナンバー2で、その時のトップは推古《すいこ》天皇であったこともわかっただろう。二人はともに女帝で、特に推古は東アジア最初の女帝である。「なんだ、女が皇帝になってもいいじゃない」と彼女は思ったに違いない。

日本のマネをしたという「事実」

事実関係を整理しよう。まず五九三年、推古天皇が即位した。東アジア初めての女帝であり、中国にも朝鮮半島にも例がない。その推古天皇の摂政をつとめた聖徳太子が「日出処《ひいずるところ》の天子」という、いわゆる「タメ口」の国書を隋に送った。つまり、この時点で日本には「中国とは対等だ」という意識が存在した。当然「天皇」という称号も考え出されただろう。

そして「思い上がった」日本は中大兄皇子（天智天皇）の指揮のもと攻めてきた。これを打ち破った時の中国（この時は唐）のトップは高宗皇帝ではなく、それをカーテンの奥から操っていた則天武后であった。その後、六九〇年、則天武后は息子である唐の皇帝を無理やり退位させ、いったん唐を滅ぼし、自ら「周《しゅう》」を建国し中国史上初めて女性の身ながら皇帝に即位した。中国史上唯一の女帝「武則天」の誕生だ。

ある人間が画期的なことをしたとする。それは当然歴史上前例がない。そして何年か後、それと同じことを誰かがやった場合、日本語で何と言うか？「マネをした」という。小学生でもわかることだ。

だから、もう一度言おう。「則天武后は、アジア初の女帝が誕生した日本のマネをして、女帝になった」と。論理的に考えれば、これ以外の結論はありえない。ところが、よくご存じのように、そんなことは日本の歴史教科書にはまったく書かれていない。日本の歴史学者の視野はあまりにも狭いからだ。ちょっと海の向こうを見ればわかることもわからない。

そして驚くかもしれないが、保守的な歴史学者は、今の私の結論を否定する。その理由は「史料にない」からである。つまりその当時の中国や日本の歴史書に「則天武后は日本のマネをして女帝になりました」と書いてなければ認めないのだ。これを「史料絶対主義」と言う。論理的に考えれば誰でも到達する結論を、史料絶対主義者たちは「小説家の想像だ」などと言って否定するのである。私は三〇年近く日本のプロの歴史学界を批判しているが、その最も重大な批判点がここだ。

それともう一つ、彼らの重大な欠点に「宗教の無視」がある。これは中国史の話なので日本史の話はできるだけ控えたいが、「戦争に負けた日本」はその後どうしたかである。たとえば一九四五年（昭和二〇年）、日本は大戦争に負けた。あえて負けたことのプラス面を言えば、それまで不可能だった改革が可能になったことである。最大のものは農地解放と完全な男女同権の普通選挙法の成立だろう。戦争に負けることによって保守勢力が力を失い、それまで不可能だった改革が可能になる。これも人類の歴史の法則である。残念ながら視野の狭い日本歴史学界はここにも気づいていない。

敗戦の当事者、天智天皇は改革をあまり実行できなかったが、その娘である持統《じとう》天皇は日本国を大改革している。日本の敗因であった「宗教」を改革したのだ。私は持統天皇は日本の天皇の中で五本の指に入る優秀な天皇であり、明治天皇が明治大帝と呼ばれるように、持統大帝と呼んでもいいと思っている。このあたりはＹｏｕＴｕｂｅ「井沢元彦の逆説チャンネル」の動画「７世紀は女帝の時代　持統天皇の凄さを教えます」をぜひ見ていただきたいが、中国史に話を戻すと皇帝となった武則天と持統大帝の間には、明らかにライバル意識が芽生えたということである。

一方は皇帝に、一方は天皇に

皇帝・武則天と持統天皇の即位は、ともに六九〇年である。これは偶然の一致だ。

武則天は男を完全に押しのける形で皇帝となった。持統はまったく違う。自分の息子を天皇にするため、夫の天武《てんむ》天皇の死後、皇后として見守っていたところ、身体の弱い息子は母に先立ち死んでしまった。このままでは天武と別の女との間に生まれた男子が次の天皇になってしまう。それを阻止し息子の息子、つまり自分の孫を天皇にするために、彼女は天皇に即位したのである。男を蹴落《けお》として皇帝となった武則天と、男を立てるために天皇になった持統。こんな面白いドラマは無いのだが、そもそも日本の歴史教育では持統が「大帝」であることすら分かっていないのだからどうしようもない。

そんな歴史教育の残骸《ざんがい》は頭から振り捨てて考えていただきたい。偶然だが同じ年に、一方は皇帝となり一方は天皇になった。女帝であることには変わりない。二人は互いをどう思ったか。

持統の方がわかりやすい。持統にとって武則天は父の仇敵《かたき》である。「負けるものか」と思ったはずだ。武則天は武則天で、「あの男の娘か」と警戒したはずである。日本にはそんな余力はなかったが、「父の仇敵」を討ちに来る可能性はないとは言えない。お忘れかもしれないが、儒教はこの時代の基本道徳でもある。一番大切にすべきは「孝」、それを持統の立場で言えば「なんでもいいから武則天に勝つ」ことだ。

武則天は「新し物好き」であった。史上初めての女性皇帝として歴史に名を残したかったのだろう。たとえば則天文字という新しい文字を作り、自らの本名「武照」を「武曌」とした。発音は同じだ。始皇帝《しこうてい》は「趙《ちょう》」という自分の姓を嫌って「嬴《えい》」という新字で新しい姓を作ったが、彼女の方は「武」という自分の姓に誇りを持っていた。だから名前の字の方を新しくした。

また中国史上、空前絶後、つまり後にも先にもない試みとして、元号を四文字にした。元号は二文字に限るという絶対的なルールを破ったのである。「天冊万歳《てんさつばんざい》」がその代表的な元号だ。さらに仏教を篤《あつ》く保護した。理由は簡単で、儒教に比べて仏教の方がはるかに男女平等だからだ。既に則天武后の時代から奉先寺《ほうせんじ》という寺にある岩壁に大仏を彫らせていた。その顔は自分、つまり武則天に似せたという伝説がある。伝説ではなく真実だろう。いかにも彼女のやりそうなことだ。もちろん、こうした情報は持統も把握していただろう。繰り返すが、この時代に日本と中国は戦争をしたのだ。日本にしてみれば中国がいつ攻めてくるかもしれない、情報は常に集めておかねばならない。

さてお気付きだろうか？　日本も、持統の直系の子孫にあたる聖武《しょうむ》天皇から孝謙《こうけん》（称徳《しょうとく》）女帝の時代だけ、「天平感宝《てんぴょうかんぽう》」など四文字元号を使っているのである。しかも、その中の天平勝宝《しょうほう》元年（七四九年）、日本は東アジア、いや世界のどこの国も造れなかった金銅製の大仏を建立した。石仏などは材料の石が非常に安定した物質だから、いくら大きくても造るのは簡単だ。しかし鋳物でそれを造ることは超ハイテクの作業であり中国ですらその例はない。そして聖徳太子も言っているように、「宝」とは仏教のことだ。

おわかりだろう。ここにおいて日本は中国に、持統は武則天に「宝で勝った」のである。

郭巨（「二十四孝」のうち）

日本とレベルが違う「孝」

「同文同種」という言葉がある。「使用する文字が同一で、人種も同類であること。主として中国と日本の間についていう」（デジタル大辞泉）だ。かつては「日中友好を促進するため」よく使われた言葉でもある。しかし「使用する文字（漢字）」が同じだからといって、日本と中国の文化はまったく違うことは理解して頂けたのではないか。

もちろん中国の影響を受けていないわけではないが、儒教の徳目の中に「孝」「忠」はあっても「和」は無い。確かにこの「和」自体は漢字であり『論語《ろんご》』にも載っているが、孔子《こうし》はこれを特に重視していない。しかし聖徳太子《しょうとくたいし》の「憲法十七条」では、その第一条で「和」を最も大切にせよと言っている。

また男尊女卑についてもそうだ。日本にも男尊女卑が存在しないわけではないが、儒教体制の中国の男尊女卑は日本とレベルが違う。それを理解してもらうために前項で武則天《ぶそくてん》（則天武后《そくてんぶこう》）の話をした。日本も儒教の一派である朱子学《しゅし》の影響を強く受けた江戸時代は「女は引っ込んでいろ」という社会だったが、本質はそうではない。だから女帝もいたし尼将軍（北条政子《ほうじょうまさこ》）もいた。

明治天皇は「教育勅語」で「夫婦相和《あいわ》」せ、と諭《さと》している。夫婦（男女）は平等だ、ということだ。これに対して、中国は古代から一貫して「夫唱婦随（妻は夫の命令に絶対服従）」である。

武則天についてはかつて則天武后と呼ぶのが普通だった。おかしいではないか、彼女は皇帝になったのになぜ皇后とあえて呼ぶのか。それは中国史においては、彼女が皇后として葬ってくれと遺言したから、としている。そんなはずがないではないか。自分の息子を押しのけてまで皇帝になった彼女が、いくら死の間際だからといってそんなことを言うはずがない。遺言は捏造《ねつぞう》されたのであろう。どんな独裁者でも死んだ後のことまでは指図できない。

実は本筋と関係が無いので書かなかったが、秦《しん》のあっけない滅亡の原因は始皇帝《しこうてい》の遺言書が偽造されたことにある。これは中国人の学者なら誰でも知っているはずの常識中の常識である。だから武則天に関しても遺言の捏造があったと考えるのが自然なのだが、たとえ数年間でも女の皇帝が存在したとの「黒歴史」は消したい、と「男ども」が考えたのだろう。男尊女卑は「正義」だから徹底するのが正しいし、歴史を歪《ゆが》めることも許される。

では儒教最大の徳目である「孝」についてはどうか。「日本人だって親孝行はする」「親はやはり大切だ」ですか？　もうお分かりだと思うが、やはり中国の孝は「レベルが違う」のである。では、どこがどう違うのか？　少し考えていただきたい。

ここに四人家族がいる。年老いた母親、その息子夫婦、その子供（孫）だ。あいにくタイタニック号のような船に乗ってしまった。まもなく船は沈む。救命ボートはあるが席が三つしかない。誰が「辞退」すべきかという問題である。自分がその母親の立場だったら、多くの日本人はやはり若い人に席を譲るべきだと考えるだろう。老い先短い自分より若者には未来がある、嫌な話だが日本には姨捨山《おばすてやま》という伝説もある。

しかし中国では「孫を殺す」のが正しい。それを実行しようとしたのが、本項のタイトルになっている郭巨《かくきょ》という男である。

かつては誰でも知っている有名人

郭巨（姓は郭、名は巨）は農業を営む若者であった。妻がいて小さな子供が一人いる。そしてあと一人、父は亡くしたが、年老いた母と同居していた。ところが貧しくてなかなか食い扶持《ぶち》が稼げない。家族四人を食わせられないのである。しかも、郭巨はとんでもないことに気がついた。自分の母が食を減らして孫に与えていたのだ。このままでは衰弱死してしまう。

若夫婦もギリギリに食を減らしており他にどうしようもない。つまり誰か一人分食い扶持を減らすしかない。つまり母、妻、子の三人のうち誰かに死んでもらわねばならない。ここで郭巨は誰を選んだか？

母親ではない、自分の子供を殺すことを決意したのである。なぜそうなるかは、お分かりだろうか。儒教の世界では「孝（親孝行）」が絶対で、孝はあらゆる道徳あらゆる価値に優先する。もちろん「子宝」よりも「愛妻」よりもだ。明日にも死ぬかもしれない年老いた親でも、子供とは比べ物にならない価値がある。なぜなら子供はまた何人も作れるが、親は二度と作れないからだ。もし子供を殺すことで母親がショックを受け二度と子供が産めなくなったら、すぐに離縁して妻を取り換えればいい。

　男尊女卑社会で女は「子供を産む機械」の中国では、そのように考えるので「子供を殺すのが正しい」のだ。当然母親は泣きわめいて強く抗議するだろうが、そんなものは無視していい。「夫唱婦随」だからである。

　この場合も妻は泣く泣く夫の決定に従った。その命令で竹林まで子供を抱いて連れてきた。郭巨はそこに穴を掘って子供を生き埋めにするつもりだった。お忘れかもしれないが、中国語には「坑（生き埋めにする）」という動詞が古代からある。葬式をやるカネもないのだから、これが一番面倒が無くていい。郭巨が鋤《すき》で穴を掘り始める場面が、この「伝記」のクライマックス・シーンだ。ところが何と土中から黄金の釜《かま》が出てきた。「天」が彼の「孝」をたたえて贈り物をくれたのだ。郭巨は子供を殺さずにすんだ。

「めでたし、めでたし」である。

　なんだ「中国むかしばなし」なのかと言えばその通りだ。郭巨は実在の人物ではあるまい。しかし中国で（ということは東アジア世界で）彼が最も尊ぶべき「孝子《こうし》」、つまり「親孝行を尽くした手本となる人物」とされてきたことはまぎれも無い事実である。本項の副題である。「二十四《にじゅうし》孝《こう》」

郭巨と妻（錦絵、国立国会図書館デジタルコレクション）

とは「二四人の孝子の物語」ということで、この本自体は一三世紀以降「元《げん》」の時代にまとめられたものだが（歌舞伎の「本朝 廿四孝《ほんちょうにじゅうしこう》」はその日本版）、この郭巨のエピソードはもっと早くから日本にも伝えられており、平安時代末期に成立した『今昔《こんじゃく》物語集』にも載せられている。だから祭礼の山車《だし》の装飾や浮世絵の題材にもなった。

今の日本人はきれいさっぱり忘れているが、郭巨はかつては誰でも知っている有名人だった。だからこそ、明治になって「脱亜入欧《だつあにゅうおう》」つまりは「アジアを捨てて欧米列強の仲間入りをしよう」、もっとわかりやすく言えば「儒教の影響をすべて捨てよう」と唱えた福澤諭吉《ふくざわゆきち》は、郭巨を「鬼とも謂《い》うべし蛇とも謂うべし、天理人情を害するの極度と謂うべし」（『学問のすゝめ』）と厳しく非難したのである。

聖王舜（「二十四孝」のうち）

後世語り継がれる「堯舜の世」

「二十四孝」は「中国孝子伝」であり、実態としては「中国おとぎばなし」なのだが、登場するのは無名の庶民ばかりではない。孔子《こうし》の弟子の曾参《そうしん》も登場する。その中でも最大の大物は舜《しゅん》だろう。古代の聖王として近代以前の中国人なら誰でも知っていた有名人だ。秦《しん》の始皇帝《しこうてい》は神話の中の八人の聖人・聖王（三皇五帝）の「皇」と「帝」の字を取って「皇帝」と名乗ったわけだが、その五帝の一人が舜である。舜はその先代の王の堯《ぎょう》と「セット」で語られることが多く、この二人の治世は「堯舜の世」と呼ばれ、儒教では理想の世とされた。

幕末の日本でも、勝海舟《かつかいしゅう》が高く評価していた思想家、横井小楠《よこいしょうなん》は、その海舟からアメリカの大統領が民主的選挙で選ばれる仕組みを聞いて、「それは堯舜の世ですな」と感心したという。

ここで多くの愛読者は疑問を持つのではないだろうか。本書のテーマを一言で言ってしまえば「中国は絶対民主化しない、それは儒教が原因だ」ということだ。その民主主義定着の最大の障害であるはずの儒教が理想とする「堯舜の世」と、もっとも典型的な民主主義の制度であるアメリカ大統領選との間に、なぜ横井は共通点を見出《みいだ》したのか？

共通点はある。それは堯と舜は親子で無い、ということだ。それどころか血縁関係もない。のちに堯は自分の娘と舜を結婚させたから、日本なら堯にとって舜は娘婿であり「義理の息子」ということになるのだが、中国では娘婿は基本的に赤の他人である。理由は簡単で「男系のDNA」を持たないからだ。だから養子を取る場合は遠い親戚《しんせき》でもいいから「姓（男系のDNA）」が同じでなければならない。「異姓養子」は絶対に認めず、ここが日本とまったく違うのである。

では、なぜ堯は赤の他人の舜に王位を譲ったのか？　舜が孝子の手本とも言うべき人物だったからだ。親が子にその地位を継がせることを世襲というが、これに対して血縁が無い優秀な人物を見込んで地位を譲ることを「禅譲《ぜんじよう》」と呼び、聖人のふるまいとされる。横井は「世襲ではない」というところに「堯舜の世」と「アメリカ合衆国」の共通点を見出したのだ。舜も禹《う》という赤の他人に禅譲したが、禅譲はここで終わり、禹の子孫による世襲が始まった。前に述べた法家の韓非子《かんぴし》が儒家を「守株の徒」として批判したのもここで、「禅譲なんて古代の特殊な事情で成立した例外なのに理想とするのは間違っている」ということだ。

ところで舜はどんな孝子だったのか？　中国の「孝子伝」は全部そうだが、親は理想の人物とは程遠い。舜の場合もそうで、父の名は瞽叟《こそう》と言い極端なガンコ親爺《おやじ》、母は意地悪だった。孟子《もうし》の項で弟子の「もし国王の父が殺人罪を犯したら、子である国王はどうすべきか？」という質問を紹介したが、この質問は原典では「瞽叟が殺人罪を犯したら舜はどうすべきか」になっている。つまり、このオヤジは人を殺すこともあり得ると考えられていたわけだ。そんな親でも孝を尽くしたから舜はエライので、「二十四孝」では、イジメにも負けずひたすら田を耕す農夫の舜に天は「助《すけ》っ人《と》」として、なんと象と鳥を贈った。象は耕耘機《こううんき》となり、鳥は草取りをした。それが堯の目に止まったのである。

孟宗と王祥（「二十四孝」のうち）

「わがままな親」に孝を尽くす

「二十四孝」の孝にはいろいろなパターンがある。たとえば親が「どうしてもこの食べ物を食べたい」と言ったときに、無理を承知で探すようなことだ。「わがままな親」というのも登場人物の一つのパターンで、どうしようもない親であればあるほど、その親に孝を尽くす人間は尊いということになるからである。

孟宗《もうそう》（姓は孟、名は宗）の物語もそれで、孟宗が介護していた病弱な老母は食い道楽で、いつもあれやこれやといろいろな食べ物を欲しがった。ある時、母は雪が降っている真冬の最中にタケノコが食べたいと言い出した。タケノコは春にならなければ生えているはずもないのだが、それでも何とかならないかと孟宗は竹林に行き懸命に雪をかいた。その時「天」が感じたのだろう。たちまち雪が溶け、土の中からタケノコが何本も生えてきた。孟宗はタケノコを取って家に戻り、母親に食べさせるとたちまち病気が治ったという。

この中国江南《こうなん》地方原産の竹は、このエピソードにちなんで古くから孟宗竹《もうそうちく》と呼ばれ、タケノコの味がうまいことから日本にも平安時代初期に輸入された。空海《くうかい》の十大弟子のひとり道雄《どうおう》が日本に持ってきたといい、道雄が建立したとされる海印寺《かいいんじ》跡（京都府長岡京市《ながおかきょうし》）には、日本初とされる孟宗竹の林が今もある。

王祥《おうしょう》は実母を亡くし、父は後妻をもらったが、その継母《ままはは》が父との間に新たな男子をもうけたので、王祥は邪魔者にされイジメぬかれた。ある時、継母は真冬のさなかに「生魚が食べたい」と言い出し、王祥は河へ魚を捕りに行った。しかし、河は完全に凍結しており魚など捕るすべはない。「これでは孝が尽くせぬ」と嘆き悲しんだ王祥は、やおら衣服を脱ぎ氷の上に伏した。体温で氷を溶かそうというのだ。本来なら凍死するはずが、やはり「天」が感じたのだろう。氷がそこだけ溶けてしかも鯉が二匹飛び出して来たため、王祥は継母の望みにこたえることが出来た。

王祥（同前）

これが「日本昔ばなし」なら「さしもの意地悪な継母もその孝心に打たれ、その後は改心して王祥を可愛がりました。めでたし、めでたし」となるところだろう。しかし、継母は改心などしない（笑）。その後も王祥をイジメ抜き、あまつさえ毒殺しようとした。なぜ、そこまでするかといえば、王祥が死ねば自分の産んだ息子（王祥の異母弟、王覧《おうらん》）が家を継げるからである。要するに継母は死ぬまで王祥をイジメ抜き、改心などしなかった。しかし、王祥は「自分を殺そうとした」継母が死ぬまで孝を尽くした。だからエライのである。結局、継母は最後には王祥毒殺をあきらめるのだが、その理由はもちろん「改心」などではない。実の息子の王覧が母親の蛮行を止めたからだ。

この「中国昔ばなし」が言いたいことはおわかりだろうか。つまり「女は欲望のままに生きる非理性的な存在だが、男は理性で欲望をコントロールできる」ということだ。もっとわかりやすく言えば「女はしょせん聖人になれない愚かな存在だ（だから男尊女卑は正しい）」ということである。

では、「男より劣った生き物」である女は絶対に「手本」にはなれないのか？　なれないこともない。ただしそこには男の決めた明確な「枠組み」がある。

三人の女（「二十四孝」のうち）

女性はほとんど悪役か脇役

「二十四孝」では、女性は「ワガママな母」か「意地悪な継母《ままはは》」でほとんど悪役である。ただし女性が主人公と言えるエピソードが一つだけある。唐夫人《とうふじん》（唐が姓の人妻）というだけで名前は不明だが、彼女は夫の母親つまり姑《しゅうとめ》によく仕えた。姑は高齢で歯を全部無くしており、普通の食べ物は食べられない。もちろん義歯（入れ歯）などもない。そこで彼女は毎朝姑を座らせて髪をすいている間、自分の乳房から乳を飲ませ姑を養った。そして何年かたち、病になった姑はもう長くないと悟り一族を集めた。そして皆に「私はもう死ぬが、彼女の孝行を見習いなさい。そうすれば一族は繁栄するだろう」と遺言した。

二十四孝の中で女性が褒められているのはここだけだが、肝心なのはやはり「孝を尽くした」ことで、それも実母ではない「夫の母」に尽くしたから、よりエライとされているのだ。しかし、この二十四孝の編者、郭居敬《かくきょけい》はやはり「女は男に劣る」と思っていたのだろう。なぜ、私がそう思うかと言えば「まったく姑に尽くさず罰を受けた妻の話」も二十四孝にあるからだ。これがひどい話なのである。

丁蘭と妻（同前）

丁蘭《ていらん》という男がいた。両親を早くに亡くし孝を尽くせなかったのを嘆いて、父と母の木像を作り毎日生きているように接した。ところが、丁蘭の妻が誤って母の木像を火で焦がしてしまった。それからが大変だ。木像からは血が流れ、妻の髪の毛はすべて抜け落ちてしまった。妻は木像に何度も詫《わ》びたが髪の毛は伸びて来ない。そこで丁蘭は木像を人通りの多い道の脇に置き、毎日妻に詫びを入れさせた。そして三年目にようやく「許しを得ることができた」というのである。そもそもなぜ母の木像だけが「焦げた」のか？　はっきりとは書いてないが「妻が嫉妬《しっと》の余りそうした」と作者は思わせたかったようだ。夫の丁蘭の仕打ちもひどいが、詫び続けた妻が三年目に幸せを取り戻したのか、その辺もよくわからない。

一方、董永《とうえい》という男がいた。幼い時に母と死に別れ、貧しい暮らしで妻をめとることもできなかった。残った父も足が不自由で、董永は小さな車を作って毎日田畑まで父を連れて行き農作業をしていた。その父も亡くなった時には葬式の費用も無かった。しかし、親の恩に報いるためには、ぜひともやらねばならない。そこで自分の体を身売りして、そのカネで葬式を出した。要するに「遊女のような境遇」になったわけで、年季が明けるまで身請けしてくれた主人のところで働こうとすると、突然美女が現れ妻にしてくれといい、妻となった彼女は得意の機織《はたお》りで稼ぎ、あっという間に借金を返してくれた。そして借金を完全に返すと、妻は「私は天から派遣された織姫《おりひめ》です」と言って天に帰っていった。

あくまで男が主役で、女は悪役か脇役である。笑ってはいけないが落語かコントのネタになりそうな極端な「親孝行」もある。老萊子《ろうらいし》（個人名ではなく号のようなもの）は七〇を超した老人だが、まだ両親が健在であった時、彼自身が老齢にもかかわらず両親の前では常に幼児のふりをしたというのだ。親を喜ばすためである。いつ死んでもおかしくない老人がそうした。

中国の「孝」は日本の「孝」とレベルが違うのだ。

孟母（「列女伝」のうち）

孟子を育てた「理想の母親」

「女は男より劣った生き物」というのが儒教社会の一貫した信念だが、それは優れた女性がいなかったという意味ではない。手本とすべき女性もいるとして、そういう女性のことを記録したのが「列女伝《れつじょでん》」である。よく「烈女伝」と思い違いをしている人がいるが、烈女とは「激しい女」の意味であり、列女伝は単なる「女性の列伝」という意味である。ただし、取り上げられているのは、それだけの価値のある個性豊かな女性だから、「烈女伝」と誤解するのも無理もないのかもしれない。

「列女伝」は漢《かん》の時代つまり紀元前に劉向《りゅうこう》という人物がまとめた伝記（正確には「古列女伝」）で、「二十四孝」のような「天が与えた奇跡」は出てこない。そのぶん歴史の真実に近いと言えるかもしれないが、その中で一番有名な女性といえば孟母《もうぼ》つまり孟子《もうし》の母親であろう。

孟子については改めて説明するまでもないと思うが、儒教の世界では孔子《こうし》に次ぐ「亜聖」と呼ばれる存在で、宗教としての儒教の骨格を作った人物でもある。その母のことを、実名は不明だが孟母と呼ぶ。おそらく江戸時代の武家の妻女で、彼女のことを知らなかった者は一人もいないと断言していいと思う。それぐらいかつては有名な女性であった。では、なぜ有名だったかと言えば、母親としての理想像だったからである。

孟母は後に聖人となる孟子、いや、息子としての話だから本名の孟軻《もうか》と呼ぼう。彼女は息子の孟軻を最初は墓地の近くの家で育てていた。ところが、幼い孟軻はよく葬式のマネをして遊ぶようになった。これではいけないと母は転居した。転居先は市場の近くであったが、今度は息子は商売人のマネをして遊ぶようになった。そこで母は学問所の近くに引っ越した。息子のために三回家をかえたわけだが、息子は今度は学者のマネをするようになった。教育には環境が大切ということを二〇〇〇年以上前から伝えているわけで、これを「孟母三遷《さんせん》の教え」という。

そして孟軻は成長し遠いところで学んでいたが、学問が嫌になって実家に戻ってきたことがある。そのとき母はちょうど機織《はたお》りをしていたが、息子が帰ってきた理由を知ると、やおら刃物を取り出し織っていた織物を切り裂いてしまった。息子が驚いて理由を聞くと、母は「学問を中断するのはこれと同じことです」とさとした。息子はおそれいって再び学問に励み亜聖と呼ばれるまでになったので、これを「孟母断機《だんき》の教え」という。

ところがこれだけ「手本」にされるべき女性なのに、その本名は伝えられていない。ここがまさに儒教の世界で、何度も言うが男尊女卑だからなのである。こんなことを言うと日本だって紫《むらさき》式部《しきぶ》や「右大将道綱《うだいしょうみちつな》の母」のように、男尊女卑で女性の本名を出さなかったじゃないかという感想を抱く人がいるかもしれない。念のために言っておく。それはまったくの誤解で、日本が女性の名前を隠すのは女性保護のためである。日本独特の言霊《ことだま》信仰に基づくもので、詳しくお知りになりたい方は私の『逆説の日本史3　古代言霊編』（小学館）を参照されたい。

ところで、孟母についてもっとも肝心なのは「三遷」でも「断機」でもない。今の日本人は忘れているが、実は「列女伝」の後半にあるエピソードなのである。

「三従の教え」に徹した賢母

そのエピソードは、まず新婚当時の孟軻をやり込める話で始まっている。

孟軻が妻を迎えたばかりの頃、彼は突然妻の部屋に入り、半裸でくつろいでいた妻を見て機嫌を悪くして出て行ってしまった。妻は姑《しゅうとめ》つまり孟母に「プライベートな時間なので気楽な格好をしていたところ、それを見た主人は嫌な顔をしました。これは私を他人扱いしているからです。これでは嫁として立つ瀬がないので実家に帰らせていただきます」と訴えた。母は息子を呼んで「礼法にあるではありませんか。門をくぐるときは来意を告げ、声をかけよと。中の人に来客を気づかせるためです。玄関に上がるとき声をかけるのもそうです。また部屋に入るときは目を伏せなさいというのは、人の過ちを目にしないためです。それなのに、あなたは黙って妻の部屋に入りましたね。自分が礼を守らないのに人を咎《とが》めるのは許されません」とさとした。孟軻はおそれいって妻に詫《わ》びた。

これもなかなか興味深いが、実はこの編者である劉向が一番強調したかったのは、最後のエピソードだろう。孟軻が立派な大人になり儒者としての地位を確立した時のことである。息子は母にこう漏らした。「実は、ある国の政治が乱れており直言しても用いられないので去りたいと思うのですが、お母さんの身が心配なのです」と。儒教の世界では連座制が当たり前で、特に謀叛《むほん》人は「九族《きゅうぞく》」つまり日本でいう遠い親戚《しんせき》まですべて処刑される。もちろん孟軻は正しいことをするつもりだったが、君主はそう受け取らないかもしれない。自分の行動のせいで母に危害が加えられることになれば、それは孝の道に反するのではないかと息子は考えたのだ。

母はこう答えた。「女の礼（役割）は家庭にいて衣食住を整え舅《しゅうと》や姑を養うことで、社会で活動するのは男の役割です。女には古くから『三従《さんじゅう》の教え』というのがあります。女は年少の時は父に従い、嫁に行けば夫に従い、夫が死して後は子に従え、と。あなたは立派に成人し私はもう老いました。だからあなたはあなたの義（正義）を貫きなさい。私は私の役割に専念します」

孟母の話には夫の影が薄い。おそらく彼女は早くからシングルマザーだったのだろう。しかし後に「亜聖」となった孟子をやりこめるぐらいの知性と胆力の持ち主でも、最後は「三従の教え」（原文＝「在家従父、出嫁従夫、夫死従子」）を正しいとして従った。編者の劉向は「孟母すらそうしたのだ。女どもよ、くれぐれも考え違いをするな。女は妻として母として家を守り、社会で活動する夫を支えるのが役目だぞ」と強調したかったのだろう。「三従の教え」はこれ以前（つまり紀元前！）からあるのだが、その教えが浸透したのはやはりこのエピソードの力が大きかったに違いない。

「三従」とセットになっているのが「四徳《しとく》」である。この言葉には他にも意味があるが「三従四徳」と続けた場合、女は三従し「四徳」（婦徳、婦言、婦容、婦功）を守れ、という意味になる。「婦人としての徳を守り、言葉遣い、身だしなみを整え、家事に専念せよ」という意味で、要するに「良妻賢母」になれということだ。もちろんこれも女性の生き方のひとつだが、「これしかダメ」と強制するのが儒教なのである。

京師節女

（「列女伝」のうち）

夫と父の命をてんびんに掛けられ……

京師《けいし》節女《せつじょ》とはもちろん個人名ではない。京師とは都（首都）のことで、具体的には漢《かん》の都だった長安《ちょうあん》を指す。節女とは「節義を守った女性」という意味で、節義とは「人として貫き通すべき正しい道」のことである。

この節女には夫がいた。ところがその夫は「仇討《あだう》ち」の対象として別の男に狙われていた。はっきりとは書いてないのだがどうやら親の仇敵《かたき》だったらしく、夫は常に逃げ回っていた。逃げ回っていたということは仇討ちは正当なものだった、ということだ。

「孝」を絶対とする儒教の世界では、親の仇敵は何が何でも討たねばならない。それが究極の正義であり道徳なのである。日本でも、もっとも儒教の影響を強く受けた江戸時代はそうだった。父を殺された武士は何もかも捨てて仇討ちの旅に出なければならず、首尾よく仇討ちに成功せねば生涯家には戻れなかった。そこまで厳しかったのは日本では江戸時代だけだが、中国は紀元前からずっとそうだったのだから、相手も必死だ。

せっぱ詰まった相手は名案を思いついた。仇敵の男の妻が無類の親孝行だという評判を聞きつけ、妻の父を拉致《らち》して人質に取った。そして「お前の夫を殺せるよう手引きしろ。さもなくばお前の父の命は無い」と脅迫したのである。男はこれで上手《うま》くいくと考えていた。なぜなら「孝」が絶対であるからだ。妻は夫に尽くさねばならないという道徳も確かにあるが、優先順位がいちばん高いのは「孝」である。「二十四孝」の郭巨《かくきょ》も最終的には「孝」を選択したことを思い出していただきたい。

数日たってようやく妻から返事があった。手引きをするというのである。「夫は戻ってくると髪を洗い、二階の部屋に入って東向きに寝る。そこを後ろから襲いかかれば必ず首を取れるはず。鍵《かぎ》は外しておきますから夜中に忍び込んでください」と妻は言った。男は言われた通りにした。夜中にまんまと侵入し東向きに眠っていた仇敵の首を斬り落とすと、それを袋に入れて一目散に逃げ帰った。ところが帰ってみて驚いた。その首は仇敵のものではなく、その妻のものであったのだ。つまり妻は父も夫も裏切れないので自分の身を犠牲にしたのだ。男は節義を通した彼女を憐《あわ》れみ、とうとう仇討ちを断念したという。

「列女伝」の編者、劉向《りゅうこう》はこれこそ孔子《こうし》の言う「身を殺して仁を成す（自分の命を犠牲にしても仁〈人の道〉のために努力する）」ことだと絶賛しているが、絶賛している割には相変わらず女性の実名は載せていない（笑）。もっともこれは劉向の責任では無く、もともと伝えられていなかったのだろう。男尊女卑とはそういうものなのである。

ところでこのプロット、何処かで聞いたことがあると思った人はいなかっただろうか？　実は日本の平安時代の話の元ネタではないかと言われている。ある男がいた。とんでもない乱暴者で欲望も強く美貌《びぼう》の人妻に横恋慕したあげく、夫を殺してやるからオレのモノになれと迫った。悩んだ彼女は手引きをするといって、この節女のように自分の首を斬らせた。

「孝」でなく「愛」の話になっているのが「日本」なのだろう。ちなみにその男は罪を反省して僧侶《そうりょ》になったという。あくまで伝説のようだが、二〇二二年のＮＨＫ大河ドラマ「鎌倉殿の13人」で市川猿之助《いちかわえんのすけ》が演じていた文覚《もんがく》上人がその人である。

節婦と烈婦

夫が先に死んだらどうするか

前にも述べたが、日本と中国は「同文同種」つまり同じ文字を使っているから考え方も同じだと思い込むのは、大きな間違いである。同じ「孝」の字を使っていても「二十四孝」の郭巨《かくきょ》の「孝」は、「未来ある孫も母のためには殺す」とんでもないものであった。

では「列女伝」が理想とする節女についても、前に述べたように「人として貫き通すべき正しい道」である節義を守った女などと、簡単に考えてよいのか。

それではダメなことはもうお分かりだろう。「正しい」とすることの中身が、日本と中国ではまったく違うのである。では具体的にはどう違うのか？　ここで、生まれは漢民族でありながら、その文化を嫌悪して日本に帰化した評論家の石平《せきへい》（言わずもがなだが、石が姓、平が名）氏の体験を紹介しよう。彼が若い頃、四川《しせん》省の碑坊に行った時の話である。碑坊とは碑林などとも呼ばれ由緒ある石碑を一カ所に集めた場所だ、その中にひときわ大きな「貞孝節烈総坊」という、高さ一〇メートル以上もある中国全土でも最大級の石碑があった。清《しん》の時代のもので、地元の一四三人の「貞孝節烈」な女性を顕彰するために建てられ、石碑にはその個人名が刻まれていたという。

思い出して頂きたい。「列女伝」の代表的人物である「孟母《もうぼ》」ですら実名は伝えられていなかった。それを考えれば名前が伝えられていること自体大変なことだ。もちろん名前といっても実名ではなく一種の称号で、その辺がやはり「中国」なのだが、一体彼女たちはどんな女性だったのか？　男性絶対の中国社会でどこをそんなに高く評価されたのか？
「貞孝節烈」とは貞女、孝女、節婦、烈婦の四種類の女性を指す。貞女は近代日本でも使われていた言葉で、平たく言えば「夫によく仕えた妻」のことだろう。孝女は読んで字のごとし「親（夫の両親も含む）に孝行を尽くした女」だ。では節婦、烈婦とは具体的には何をした人か？　実はその時、石平氏もその意味が分からず歴史に詳しい友人に聞いたという。その答えは驚くべきものであった。

本書でも今後述べることになるが、宋《そう》王朝以降の儒教は朱子《しゅし》学という形で極端に強化された。「強化」というのは悪い意味である。例えば女性は一度結婚したら絶対に再婚は許されない。では夫が先に死んでしまった場合どうするか？　子供がいればいい。あくまで子供が男子の場合だが、跡継ぎが息子なら女性は嫁ぎ先にそのまま残り、夫の遺児を立派に育て上げるのが義務とされた。そのことを守節と言い、それを貫いた女性が節婦と呼ばれた。

では死んだ夫との間に男子をもうけていなかった場合はどうするか。そのときは夫に殉じ自殺するのが「女として正しい道」とされたというのだ。その道（殉節）を選んだ女性を烈婦と呼んだのである。

もっとも、その顕彰碑があるということは、それを嫌って「逃げた」女性も大勢いたということだろう。一昔前まで夫に先立たれた女性を「未亡人」と呼んだが、実はこれは「夫が死んだのに未《いま》だに亡くなっていない人（おめおめと生きている）」という差別語だ。儒教の悪影響はこんなところにも及んでいる。また日本でも戦前は節婦に緑綬褒章《りょくじゅほうしょう》（現在はボランティアが対象）を与えていた。しかしさすがに烈婦までは顕彰しなかった。日本と中国の違いである。

龍女と変成男子

法華経解釈さえゆがめる男尊女卑

儒教が完全な男尊女卑であり、それが厳格化された朱子学《しゅし》の時代、つまり王朝で言えば明《みん》と清《しん》の時代には、多くの寡婦（夫に先立たれた妻）が殉節、つまり「後追い自殺」を強要された。では、その犠牲者はどれくらいいたのか？　統計の無い時代のことだから正確な数を算出するのは困難だが、前に紹介した石平《せきへい》氏はその著書『なぜ論語は「善」なのに、儒教は「悪」なのか』（PHP新書）の中で地方のデータなどに基づき「二百六十年間で五百万人以上が餌食になった」と述べている。あくまで推計だが、ひとつの目安にはなるだろう。

ところで、中国の殉節のことを述べた時に、読者の中にはインドにも同様の習慣があったことを思い出した人もいるのではないか。それは「サティー」と呼ばれるヒンドゥー教の習慣で、日本語では「寡婦焚死《ふんし》」または「寡婦殉死」と呼ばれる。「焚死」とは「焚書坑儒《こうじゅ》」と同じで本来は「焼き殺す」という意味だが、ヒンドゥー教の世界では「未亡人」が夫の遺骸《いがい》と一緒に「焼身自殺」するという意味になる。ヒンドゥー教と儒教は、男尊女卑と人間の格差を認めるという点で非常に似通っており、「三従の教え」も中国とまったく同じものが社会のルールとなっている。

とか。

どちらかがどちらかをマネしたわけではない。「同じ穴のムジナ」と考えることが妥当ということか。

そのインドで、人間の平等を唱えて仏教の開祖となったのが釈迦《しやか》である。では仏教は男尊女卑についてはどうなのか？　古くから五障説というのがある。簡単に言えば女性は「絶対に（釈迦のような）仏になれない」という考え方だが、実はこの説は男尊女卑の強いインド社会で後から付け加えられたもので、釈迦はそうは言っていないことが近年の研究で明らかにされた。しかも、そうした考えを叩《たた》き潰《つぶ》すために生まれたのが大乗仏教で、その根本的経典「法華経《ほけきよう》（妙法蓮華《みようほうれんげ》経）」では、女性が独力で釈迦と同じく悟りをひらく場面がある。そして成仏（仏に成る）したのが龍王の娘、龍女《りゆうによ》なのだ。

ところが法華経ではそのあと、龍女の成仏を疑う文殊師利《もんじゆしり》（マンジュシリー、文殊菩薩《ぼさつ》、当然、男）に対し、龍女が女性から男性に変身してみせる場面がある。この龍女が男性になった状態を変成男子《へんじようなんし》という。それを見た文殊師利もようやく「彼女」の成仏を認めた。

さて、問題はこの男子への変身が何のために必要だったか、である。「女は絶対に成仏できない」と考える男尊女卑主義者にとっては、「私は男でもあるのですよ」と示すことが有効だったからだろう。仏になったからこそ、そうした奇跡も実現できたと考えるのが普通である。しかしそれを認めたくない人間は「龍女も女のままでは成仏できなかった、男になったから成仏できたのだ」と考えたい。それなら「女は男に変身（変成男子になる）すれば成仏可能だが女のままでは不可能だ」と言える。

これが法華経の正しい解釈だと中国の仏教界はずっと主張してきた。しかし、法華経をよく読んでみればわかることだが、龍女の成仏は変成男子になる前である。おわかりだろう、「三つ子の魂、百まで」。子供の頃から植え付けられた男尊女卑から逃れることはなかなか難しく、それは中国人の仏教の解釈についても悪影響を与えているということだ。

徽宗皇帝

平和を愛する国家の時代

歴史を研究していると、ひょっとしたら人類にとって一番困難な課題は「平和の構築」ではないかと思う時がある。あなたはどう思いますか？　また日本の歴史教育は、その「真理」が分からないように意図的に「調整」されているのではないかと私は感じている。世界にも類を見ない三〇〇年近くの平和を構築した徳川家康《とくがわいえやす》の評価は異常に低いし、奥州藤原《おうしゆうふじわら》氏がなぜあっという間に滅んだのか、その理由も明確に理解している人は少ないようだ。

藤原氏の「奥州王国」が滅んだのは、あの国が突出した「平和を愛する国家」だったからである。再三言うように、本書は中国史がテーマだから詳しくは述べないが、王国の建国者、藤原清《きよ》衡《ひら》は戦乱の中で生まれ育ち、戦争の悲惨さを「味わい尽くした」男だった。だからこそ恒久平和を実現しようと仏教を篤《あつ》く信仰し、平泉《ひらいずみ》を「仏の国」にしようとした。それは財政的に言えば、軍備にカネをかけず文化事業に力を注いだということだ。源　義経《みなもとのよしつね》を保護したのも「軍備増強」ではなく「外交の切り札」にしようとしてのことだろう。

だが、そういう国家ほど侵略者のターゲットになりやすい。軍備が劣弱だからだ。そういう時、仏教は何の役にも立たない。侵略を止められるのは、少なくとも侵略者に侵略をためらわせることが出来る、攻められる側の軍備だけ。これを抑止力という。つまり戦争を憎んだ国が軍備まで憎んで「軽視」したりすると、そのスキに付け込もうとする侵略者、昔頼朝《よりとも》・今プーチンが、必ず現れるということだ。だから平和がすぐに崩れる。

現代日本の歴史教育は、まるでこの人類史の基本原理を子供に「わからせないように」する教育、いや教育というより洗脳としか思えない。あたり前のことだが、どんなに目的（たとえば「戦争を無くす」）が正しくても、その手段として洗脳を用いてはならないのだ。

話を中国史に戻そう。では中国にもそういう「平和を愛する国家」だった時代はあったのか？答えはイエスだ。それは唐《とう》のあとの宋《そう》の時代である。その「平和国家」宋（正確には北宋）を代表する皇帝が八代目の徽宗《きそう》である。どんな人物だったかといえば、もうお分かりかと思うが、戦争大嫌いの平和愛好家であった。ウクライナのゼレンスキー大統領とは正反対で（笑）、侵略者と戦おうとか国家のために尽くすなどという感覚はまったくない人である。

いや、笑いごとではない。彼のために漢民族は歴史上空前絶後の屈辱と挫折《ざせつ》を味わわされることになる。早速その話に入りたいところだが、物事には順序がある。少なくとも漢や唐の時代には、匈奴《きょうど》を討ち百済《くだら》を滅ぼすなど好戦的な国家であった中国が、なぜ平和愛好国家になったのか？　答えはもうおわかりだろう。悲惨な戦乱の時代が続いたからである。

「唐宋八家《とうそうはっか》」あるいは「八家文《はっかぶん》」という言葉がある。中国の唐と宋を代表する韓愈《かんゆ》など八人の文章家（あるいは詩人）を示す言葉だが、この言葉があるために唐が滅びた後すぐに大陸全体を支配する新しい「中国」宋が誕生したと錯覚している人が多い。実は、九〇七年に唐が滅んでから九六〇年に宋が建国されるまでの約五〇年間は、「五代十国《ごだいじっこく》」と呼ばれる戦乱また戦乱の時代であった。

五代十国時代に終止符を打つが——

中国つまり完全に大陸全土を支配した王朝は「秦《しん》」が最初で、次が漢《かん》・隋《ずい》・唐・宋・元《げん》・明《みん》・清《しん》と続くわけだが、実際にはこの間に統一国家の無い分立国家、また不完全統一国家の時代があった。

有名なのは三国志の時代である。漢が滅んだあとの数十年間、大陸に魏《ぎ》・呉《ご》・蜀《しょく》の三つの国家が並立し、それぞれのトップが「皇帝」を名乗って相争った。結局それを統一したのは、ドラマでは悪役の魏の軍師であった司馬懿《しばい》の子孫が建国した晋《しん》である。しかし晋は内紛によって弱体化し、大陸の北東部に異民族が侵入して複数の国家の分立状態となった。これを「五胡《ごこ》十六国」時代と言う。「胡」とは匈奴などの異民族を指す。

晋はこのため支配域を半分に減らし、以後は東晋と呼ばれた。これが不完全統一国家である。その後、今度は大陸北部と南部に分立国家が出来て相争った。南北朝時代である。それを統一したのが隋で、隋の統一は唐に受け継がれたが、唐が破綻《はたん》することによってまたまた複数国家の分立状態となった。これが「五代十国時代」だ。

それに終止符を打ち再び全土を統一したのが宋なのである。宋は「十国」のひとつだったが、軍事の天才、趙匡胤《ちょうきょういん》（在位九六〇～九七六年）が皇帝となって他の国を屈服させた。彼は軍人だが温和な性格で、敵をできるだけ殺さず、味方もむやみに処刑しない人格者だった。戦争の悲惨さをよく知っており、皇帝となってからは軍隊の力を抑えるために、科挙を盛んにして人材を集め、文官を育成し武官（軍人）をその下に置いた。文治主義と呼ばれ、一種のシビリアンコントロールである。ただ、どんな体制でも人間が作る以上完璧《かんぺき》なものはない。皮肉なことに宋という王朝は軍人が始祖だったのに、国家としては軍事力の弱さに悩まされることになる。

初期の宋の国家的課題は燕雲十六州《えんうんじゅうろくしゅう》の奪回であった。のちの北京《ペキン》を含むこの地方は華北とも呼ばれ、万里の長城建設以前から漢民族の居住地域だったが、五代十国の混乱の中で「遼《りょう》」が支配するようになっていた。遼を建国したのは、契丹《きったん》（キタイ）と呼ばれた民族である。彼らは伝統的には遊牧民族だったが、漢民族の影響を受けて定住に適した農業も取り入れていた。遼とはこの「半農半牧」の民族の建国した国だった。

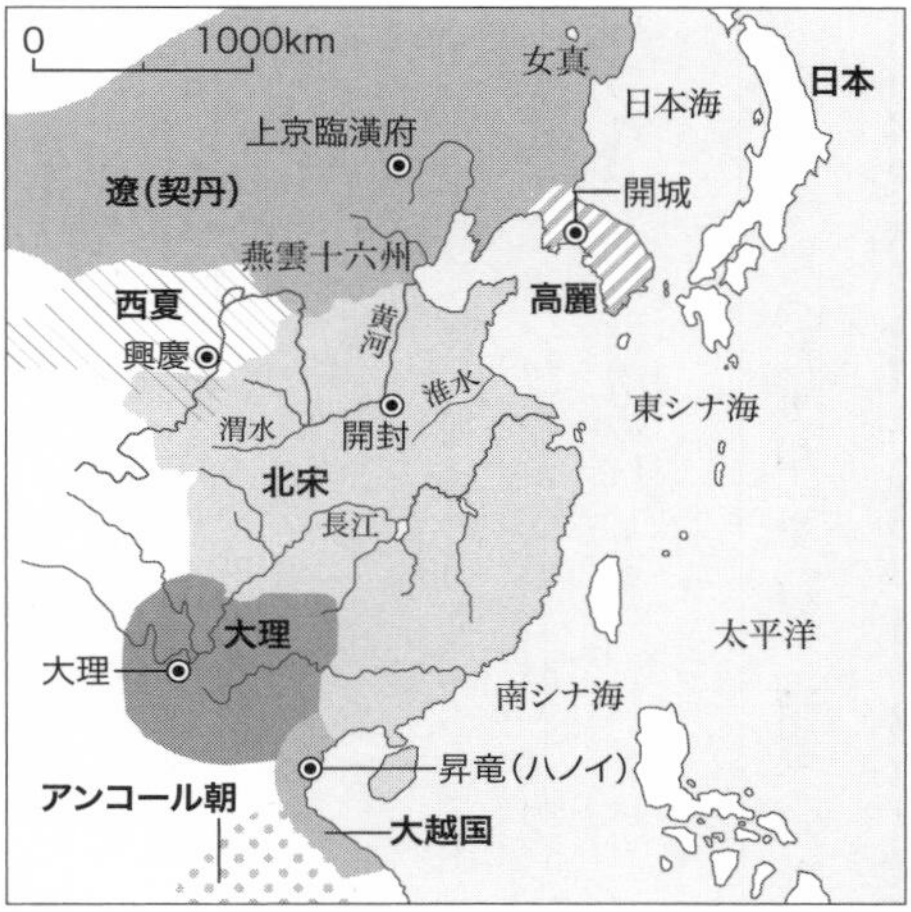

11世紀の中国とその周辺

万里の長城が建設された頃の遊牧民族は遊牧しかやらず、農耕民族の土地に侵入しても略奪後は本拠の草原地帯に引き返すだけだった。ところが長い年月を経て、彼らも農耕の利点に気付き定住して農耕民（＝漢民族）を国家の形で支配するようになった。これを（漢民族から見て）征服王朝という。本来、農耕地帯（万里の長城の内側）である燕雲十六州が遼の領土となっていたのは、そういう事情である。

漢民族の国家である宋にとって農耕地帯は重要だ。だからこれを奪回しようとしたのだが、なにしろ軍事軽視の国である、遼に大敗北を喫し逆に攻め込まれてしまった。こうなれば仕方がない。軍事的に勝つ見込みはないので、中国史上前代未聞の解決策を宋は実行した。

平和をカネで買った、のである。澶淵《せんえん》の盟《めい》と呼ばれる。一〇〇四年のことだが、長い目で見ればこれが宋の没落のはじまりだった。

「カネで買った平和」を「ガン細胞」がむしばむ

平和愛好国家の宋と軍事国家の遼の間に結ばれた和平条約「澶淵の盟」の内容は次のようなものだった。まず、戦争をやめること。現代風に言えば「相互不可侵条約」である。ただ軍事的には遼の方が圧倒的に優位だから、「戦争をやめる」だけでは遼にメリットはない。だから宋が遼に対し毎年「銀一〇万両と絹二〇万疋《ひき》」を歳費（国家予算の補助）として支払うことになった。そして、遼は宋を「兄」として「兄事《けいじ》（兄のように尊敬し接すること）」することも決められた。

最後の条件の意味がわかりにくいかもしれないが、中国においては通常こうした関係は朝貢関係とみなされる。つまり遼が主人で宋が貢ぎ物を献上していることになってしまう。そこで、そうではない、これは「兄が弟に対して援助しているのだ」という形を取り、宋のメンツを立てたのである。

これを締結した宋側のトップは三代皇帝の真宗《しんそう》だったが、これで結果的に約一〇〇年の平和が保たれた。ならば結構ではないか、と現代の日本人の多くは言うかもしれない。しかしこの間、宋の「病気」は進行した。「平和ボケ」と「軍事軽視」である。

これはあくまで漢民族を主体にしての考え方だが、遼という国家はそれまでにない恐るべき「ガン細胞」であった。中国は紀元前から遊牧民族と農耕民族が対立抗争する国であった。その対立に一度は完璧な勝利を収めたのが、秦の始皇帝《しこうてい》であり漢の武帝《ぶてい》だった。何といっても始皇帝の築いた「万里の長城」のもたらした防衛効果が大きい。これで遊牧民族の侵入を阻止できたからだ。

だが、それから一〇〇〇年以上の時を経て、遊牧民族も農耕を学び「領土を持つ」ことを覚えた。遊牧だけなら定住できないし草原さえあれば農耕地帯に領土を持つ必要もないのだが、遼を建国した契丹人のように半農半牧の民族は、純然たる漢民族にとっては極めて危険である。遊牧民族の特性である優秀な兵士としての資質（乗馬の達人で武器の扱いにも習熟）を持ちつつ、定住し様々な物資を蓄積し安定した国家運営ができるという、農耕民族のメリットも生かせる立場にあるからだ。放っておけば、彼らは漢民族に対する大きな脅威となり得る。今はまだ万里の長城の内側に少し侵食しただけだが、やがては彼らの支配は「ガン細胞」が増殖するように、中国全土に広がるかもしれない。

つまり始皇帝以来の遊牧民族（正確にいえば半農半牧民族）に対する、農耕民族としての抜本的な対策を考えるべき時期に来ていた。しかし宋の人々はそれをしなかった。「カネで買った平和」と、それがもたらした文化的繁栄に酔いしれていたからだ。

無理もないかもしれない。われわれ後世の人間は歴史の結果を知っている。確かに後から見れば「ガン対策」を考える時期だったのだが、それはよほどの賢者でなければ予測不能だっただろうし、仮にそういう賢者が警告したとしても、国民が軍事アレルギーで平和ボケなのだから耳を貸さなかっただろう。

そのうち宋は、シルクロードの近くに半農半牧民族のタングート人が建国した西夏《せいか》という国にも攻められたので、またカネを払って解決した。そろそろまともな方法での国防を考える時期だったのだが、宋はそれをしなかった。

その間、この政策は遼に意外な影響を与えた。遼が没落したのである。

史上最低の皇帝「風流天子」

遼が堕落したのは、労せずして国家予算のかなりの部分を占めるカネが、毎年宋から入ってくるようになったからである。いわゆる不労所得というやつだ。人間も国家も生きるために働くし、働くからこそ進歩発展する。ところが遼は、不労所得で王室も軍人も贅沢《ぜいたく》にふけるようになった。

ここで、遼の北側に別の半農半牧の民族が登場した。女真《じょしん》人と言う。相変わらず「中国親分の悪い癖」で男尊女卑の中国社会では、価値の低い字を当てたのである。そのためか後に彼らは満《まん》洲《しゅう》人と名乗るようになる、もちろん遊牧民族の伝統を持っており、特に騎兵は強い。また、彼らは不労所得などないから、一生懸命自分たちの国「金《きん》」を充実させようとしていた。そこに目をつけたのが宋である。

国家にとって軍備を充実しておくというのは、今も昔も極めて大切なことだが、「平和愛好国家」である宋は、それをおろそかにしていた。しかし、もともとは中国の領土である燕雲十六州は何としても取り戻したい。そこで宋が考えたのが、新興国家で兵が精強な金を利用することであった。要するに金と同盟を結んで、遼を滅ぼして領土を取り戻そうとしたのである。いくら弱体化していると言っても宋にも軍隊がある。これを派遣し金と歩調を合わせ遼を挟み撃ちにしようとしたのだ。いわゆる「遠交近攻」である。

最大の問題は、当時の皇帝が政治にも軍事にもまったく才能が無いことだった。それが本項のタイトルでもある徽宗《きそう》皇帝なのである。徽宗は中国史上有数の文化国家宋を代表する人物で、風流天子とも呼ばれ、この時代の最高の芸術家と言われている。「殿様芸」などではない。現にこの人の描いた絵画「桃鳩図」は日本に伝来し、なんと日本の国宝に指定されているのである。またた書道の方でも痩金体《そうきんたい》という新しい書風（文字の書き方）を創造した。書道の名人は中国にも日本にも大勢いるが、新しい書風をつくり定着させることは最高レベルの書家でなければ不可能だ。ただし、この人は政治家としては最低だった。中国史上最低の皇帝だったと断じても、おそらく反論は来ないだろう。皇帝がたまたま芸術家だったのではない、超一流の芸術家が片手間で皇帝をやっていたと考えれば話は早い。政治は悪臣に任せっぱなしで、自分は庭園づくりに凝り、そのための材料の木や岩を莫大《ばくだい》な費用をかけて運ばせ、自分の趣味を満たすために民に重税を課した。ならば慣れぬ軍事に手を出さねばよいのに、燕雲十六州を奪回し歴史に名を残そうとしたのかもしれない。金との同盟は積極的に推進し、多数の兵を徴兵した。これも一種の重税だ。

ところが、いざ遼を攻めようとした時、重税に怒った民が叛乱を起こし、せっかく用意した軍団を叛乱鎮圧に回さざるを得なかった。そのため遼攻略が遅れ宋軍は単独で首都燕京《えんけい》（のちの北京）を攻撃したが、遼軍にはまったく勝てなかった。たまりかねた宋は金に援軍を要請したところ、金はあっという間に燕京を陥落させ遼を滅ぼしてくれた。しかし、その代償として今度は毎年金に多額の銀や絹を払うことになり、十六州のうち十州は取られてしまった。

ところが徽宗はここでトンデモナイ野望を抱いた。今度は遼の遺民をたきつけて同盟し、金を滅ぼそうとしたのである。ところが、これが金にバレた。

あの手この手で権力にすがり続ける

改めて言うまでもないが、遠交近攻は危険な作戦である。一度はうまく行っても次に同盟した相手をすぐに裏切るのだ。一番必要なのは何かお分かりだろう。機密の保持である。機密がバレれば向こうは怒る。それも激怒する。当然だろう、卑劣な裏切りだからだ。

しかし中国はずっとこれをやってきた。百済や高句麗《こうくり》を滅ぼしたのも同様で、ずっと後の話だが、小国イギリスが大国インドを征服したのもこのやり方である。イギリス人は諜報《ちようほう》活動に秀でている。「007」ジェームズ・ボンドはフィクションの主人公だが「イギリス生まれ」なのは偶然ではない。あの国では諜報活動に長《た》けた者こそ英雄なのだ。だからこそロンドンオリンピックの時も、エリザベス女王をエスコートしたのはダニエル・クレイグ扮《ふん》するジェームズ・ボンドであった。

逆に言えば、もともと政治や外交にうとい人間が、こんなヤバイ方法に手を出してはいけない。バレてしまった時のダメージが大き過ぎるからだ。しかし徽宗はそれをやり、相手の金国にそれがバレた。怒った金は攻めてきた。当然の話である。この時、その知らせを聞いた徽宗はどうしたか?

まず「罪己詔《ざいきしょう》」を出した。これは「己を罪する詔《みことのり》(皇帝命令)」というもので、古くから名君の行いとして伝えられていたものだった。たとえば漢の文帝《ぶんてい》は、自分の治世に起きた不作や旱魃《かんばつ》を「反省」した罪己詔を出している。天人相関説を覚えておられるだろうか。これら自然災害も儒教の世界では「不徳の致すところ」なのだ。しかし、自然災害の場合は本来は文帝の責任では無い。しかし金の侵攻を招いたのは明らかに徽宗の責任である。だから反省するのはいいのだが、次に徽宗がやったことは皇帝を退位し、長男(即位して欽宗《きんそう》)に位を譲ることであった。「責任を取って辞任そして引退」ならば結構だが、徽宗は引退せずに国を陰で操ろうとした。反省などしておらず、責任逃れのために退位し長男を矢面に立たせたのである。

そこに金の大軍が攻めてきた。しかしこの時は「文弱」な宋軍が善戦し、何とか国を守った。城壁で囲まれた首都開封《かいほう》を守る戦いだったからかもしれない。宋の抵抗に手を焼いた金は、講和に乗ってきた。条件は遼に対するのと同じく、莫大なカネを毎年支払うというものだった。

ところが、この条件を宋は守れなかった。開封を逃げ出した徽宗はそのまま引退すればいいものを、あれこれ画策して権力を保持しようとした。当然国家は一枚岩にはなれない。長年の悪政で国家財政も疲弊していた。そのうえ戦争が苦手なくせにプライドだけは高い官僚たちが、いたずらに強硬論を唱えた。

たまりかねた欽宗は父の徽宗を開封に連れ戻し、まさか殺すわけにもいかない（孝に反する）ので幽閉し、なんとか国を立て直そうとしたが時すでに遅し。金は再び大軍で攻めてきて今度こそ開封を陥落させ、ここに宋はいったん滅んだ。これを当時の年号から「靖康《せいこう》の変」と呼ぶ。一一二六年のことである。

徽宗、欽宗親子は捕虜として北方辺境に連行され幽閉されたのだが、さらに悲惨だったのは皇后、皇女、女官など高貴な女性たちだ。なんと彼女らは金の首都で娼婦《しょうふ》を育成する施設に収容された。昨日までの皇女が文字通り性奴隷にされてしまったのである。

朱子

「靖康の変」で激変した中国文化

宋《そう》は「靖康《せいこう》の変」（一一二六年）で金《きん》に滅ぼされた。しかし皇帝欽宗《きんそう》の弟が南京《ナンキン》に逃れ皇帝に即位したので、それ以後を南宋と呼び、変以前の宋を今では北宋と呼ぶ。

それにしても、皇族の女性までが性奴隷にされたことを、読者の皆さんはご存じだっただろうか？　もちろん、これは明白な事実であって歴史にもきちんと記録されている。念のためだが「性奴隷」とは誇張で言っているのではない。今、韓国がいわゆる「従軍慰安婦」に関して「性奴隷だった」とデタラメを世界に流し続けているが、あれは公娼《こうしょう》制度であり、韓国の言うように一般女性を無理やり拉致《らち》し売春婦にしたわけではない。ところが、この時の金はまさにそれを実行したのだ。念の入ったことに、わざわざ娼婦になるための訓練の場として「洗衣院」という施設を設け、そこへ少女から熟女までの主に皇族の女性たちを強制収容した。無理やり娼婦としての訓練を受けさせられた欽宗の皇后は、屈辱のあまり自殺している。

私は、この「靖康の変」が中国史上最大の事件だと思っている。なぜならそれ以前と以後で、中国人あるいは中国文化はまったく変わったからだ。このことは世界の歴史学者の中でも、認識している人は私の知る限り存在しない。

ここで予言しておくが、数年後、あるいは数十年後になるかもしれないが、この「靖康の変」の重要性が世界中で認識される日が必ず来る。これをテーマにハリウッド映画が作られるかもしれない。その時は誰もが自分がこの事件の重要性を発見したと言うだろうから、皆さん覚えておいてください。これは井沢元彦が既に言っていたことだ、と。残念ながらその頃には私は生きていないかもしれないが。

では「靖康の変」はどのような影響を中国に与えたのか。アメリカでは犯罪者のプロファイリングが盛んで、子供の頃虐待されたり異常な経験をした人間が、その結果どのような犯罪に関わるかが詳しく研究されている。そのやり方を真似てみよう。

中国を一人の青年にたとえると、どんな青年か？「靖康の変」まではおだやかで家族を愛し、それなりに豊かな家の生まれで「お坊ちゃん」といってもいい。お坊ちゃんにありがちな貧乏人を見下す姿勢は多少あったが、性格は歪《ゆが》んでおらず、何よりも人を激しく憎んだりしない温厚な人間であった。

ところがそこへ突然、普段から「教養が無い」とバカにしていた野蛮人が、平和な家庭に侵入してきて、彼の母も妻も娘も全部拉致してしまった。しかもその野蛮人どもは、娘たちと結婚すると言うならまだしも、娼婦にするための訓練をしている、というのだ。

誰でも容易に想像できることだが、当然その青年は日頃の温厚さをかなぐり捨てて激怒し、その野蛮人どもを激しく憎悪し、一人残らず叩《たた》き殺して自分の家族を取り戻したいと思うだろう。

しかし自分は弱く相手はあまりにも強い。取り戻すことは絶対不可能で、断念するしかない。さて、こういう状態に陥ったとき人間はどうなるか？　彼らへの憎しみは海よりも深いが、それを晴らす方法がないのだから、人によっては毎日酒を飲んで泥酔し、悲しみと苦しみをまぎらわそうとするだろう。とにかく現実を見たくない、現在も過去も、である。

そこで南宋ではそうした人々の欲求に応《こた》えた「哲学」が生まれた。朱子学《しゅし》と言う。「朱先生の哲学」ということだ。

少年老い易く学成り難し

ここで敢《あ》えて百科事典などに載っている朱子の項目を紹介したい。いわば朱子という人物の公式プロフィールであり、言葉を換えて言えば「歴史学界の定説」でもある。まず、それを見ていただきたい。彼の本名は朱熹《しゅき》（姓は朱、名は熹）であるので、「朱子」で引くと「朱熹」の項目を見よ、などと指示されることが多い。

中国、南宋の哲学者。朱子学の創始者。朱子と尊称。字は元晦《げんかい》、晦庵などと号した。福建省の人。一九歳で進士となり、七一歳で没するまで約五〇年間官界に身を置いたが、出仕すること少なく、家居して学に励んだという。初め儒学を修めたが、のち仏教や老荘の学にも興味を示し、二四歳の時、李侗（延平）に師事するに及び、北宋の道学、ことに程頤（伊川）の思想に接して自己の思想的方向が確立された。講友に張栻（南軒）・呂祖謙（東萊）を、論敵に陸九淵（象山）を得て、彼の学問は飛躍的に発展し、儒学において空前といわれる思弁哲学と実践倫理を築き上げた。（百科事典マイペディア抜粋）

師匠やライバルの学者たちについては、後で解説することにする。ちなみに進士とは、宋代で特に盛んになった科挙の合格者のことで、一九歳で合格したのは大変優秀だったことを示している。そういう人間は官界での出世が約束されているのだが、それにもかかわらず「学に励んだ」のは学問を愛した人物だったということだ。

彼は詩人としても才能があり「偶成《ぐうせい》（「たまたま出来た詩」の意味）」と題する詩は有名だ。「少年《しょうねん》老《お》い易《やす》く学成《がくな》り難《がた》し　一寸《いっすん》の光陰《こういん》軽《かろ》んず可《べ》からず　未《いま》だ覚《さ》めず池塘春草《ちとうしゅんそう》の夢《ゆめ》　階前《かいぜん》の梧葉《ごよう》已《すで》に秋声《しゅうせい》」つまり「人生の時間はあっという間に過ぎる。だから、わずかの時間も大切にすべきだ。それなのに人間は若いころの夢にひたっていることが多い。人生はもう秋を迎えているのに」というものである。

要するに「寸暇を惜しんで勉強しろ」ということだ。私はこの詩はあまり好きではない。どことなくヒステリックというか余裕の無さというか、そういうものが感じられるからだ。しかし、かつての東アジア世界では、青少年に必ず教え込まれた詩でもあった。

では、百科事典の説明にある「思弁《しべん》哲学と実践倫理」とは一体どういうことか？　今度は朱子学で引いてみよう。「宋学」を見よ、という指示が出る。

中国、宋代に興り、その時代に大きな影響力をもった儒学の総称。狭義には朱子学をさす。漢以後、儒学は文献の字句の解釈を中心として、思索の学問ではなかったが、宋代に入ると儒者も道教や仏教などの影響を受け、儒教の古典に即しつつ、人間論、宇宙論を展開した。その思想内容から性理学、理気学、道学などとも呼ばれる。(引用前掲)

大変わかりやすい説明と言いたいところだが、実は不十分だ。たとえば幕末、高杉晋作《たかすぎしんさく》は盟友、井上聞多《いのうえもんた》(のちの馨《かおる》)への伝言を頼んだ。それは「朱子学では戦にならぬ」というものだった。なぜそう言わねばならなかったのか、その理由がこの説明ではまったくわからない。

それを説明するのが歴史家の役割である。

尊王攘夷にこめられた朱子学の真意

実は幕末における薩摩《さつま》、長州《ちょうしゅう》、土佐《とさ》などの勤王の志士たちにとって、最大の味方でありまた最大の敵でもあったのは朱子学だった。最大の味方とは、「尊王攘夷《そんのうじょうい》」というスローガンで国民が一致団結できたということである。これは両方とも朱子学の用語で、「両方(二つ)」とは本来、尊王論と攘夷論は全く別だからだ。

攘夷というのは、中華思想が極端に誇張されたもので、要するに中国以外の国はすべて野蛮人の国家であり、野蛮人どもはすべて撃退しなければならない、という過激な思想である。どこが過激かはもうおわかりだろう。

そもそも中華思想とは中国だけが文明国であり周辺はすべて野蛮人の住む地域であるという思想であった。ただしその野蛮人が中国に対して貢ぎ物を贈り、あなたの家来にしてくださいといえば、中国はそれを受け入れた。これで皇帝と国王の間に君臣関係が生じる。これが東アジア世界における国際秩序の基本であった。日本だけがこの「秩序」に反抗し、「天皇」という称号を名乗ったことは既に述べた。そして幕末、攘夷は過激であるがゆえに欧米のアジア侵略に対抗するためのスローガンになった。

つまり宋代までの中華思想は、周辺国家を「野蛮人の居住区域」とはしたものの、「野蛮だから討ち殺してしまえ」とまでは言わなかった。野蛮人でも頭を下げてくれれば「家来にしてやった」のである。しかし「攘夷」とは夷（野蛮人ども）を問答無用で攘（ブチ殺せ）ということだ。ここがそれまでに比べて段違いに過激なのであり、どうしてそんなに過激になったかおわかりだろう。靖康の変があったからだ。

繰り返すが、朱子はこの変（というよりは大戦争）の後に、母や妻や娘を拉致されて娼婦にされたのに何の抵抗もできなかった「中国人」が建国した南宋に生まれた。生年は一一三〇年、靖康の変のわずか四年後である。そうした「何の抵抗もできなかった中国人」の中で彼は大人になったのだ。

中国は儒教の影響でファミリーを大切にする。逆に謀叛《むほん》の罪などでは九族（遠い親戚《しんせき》）まですべて処刑される。そういう世界だから記録には残っていないのだが、朱子のファミリーにも性奴隷にされた女性がいた可能性は大いにある。朱子学という学問は、いや哲学というか宗教は、こうした環境の中で「育成」されていたのである。

尊王論については、孟子《もうし》の理論を発展させたものである。孟子は「徳を失った王」は既に天命に反し王の資格を失っているから、それを家臣が放伐（追放か征伐）しても「忠」に反する行為ではないとした。朱子学は「忠」の対象である君主を二種類に分けた。王者と覇者である。両者とも君主ではある。しかし覇者とは「戦争や謀略などで天下を取った者」であり、「徳を以《もっ》て世を治める」王者にははるかに及ばないものとした。

ならば国に二つの権力者がいる場合、覇者を排斥して王者を真の君主とせねばならない。これを尊王斥覇《そんのうせきは》と呼び、江戸時代、日本でも朱子学が盛んになると、徳川《とくがわ》家は覇者に過ぎず、「武力を用いない」天皇家こそ王者であり真の君主だ、という考え方が生まれた。

以上が朱子学が勤王の志士の味方をし明治維新を推進したという理由だが、では敵（障害）だったというのはどこか？

「百害あって一利無い」思想

それについて述べる前に、少し本書の全体像を語っておきたい。まだ途中なのにと思われるだろうが、なぜ今かと言えば「朱子」の項に入ったからだ。

私は中国が「民主化しない」いや「できない」世界になってしまった最大の原因は儒教で、その中でも既に登場した董仲舒《とうちゅうじょ》と朱子の責任が極めて重いと考えているのだ。しかし、こんな考えを持っているのは、おそらく世界に私だけだろうとも思っている。では、なぜ私が他の人が思いつかないことを思いつくかと言えば、視野を広くとっているからだ。私がそういう視点を持っていることは既に武則天《ぶそくてん》の項で理解していただけたと思うが、今回の話は数千年のスパンで、しかも学問の垣根を越えた広い視野で見ないと理解できないものなのである。

たとえば、哲学や思想史を研究する人々は朱子を高く評価する。なぜならば朱子は、それまでの儒教には全くなかった宇宙論を展開し、認識論にも深く踏み込んだからだ。つまり、それまではどちらかと言えば政治学であり道徳論に過ぎなかった儒教を、完璧《かんぺき》な哲学に仕上げたという評価を朱子は得ている。だから欧米では、それまでの儒教をConfucianism（直訳すれば孔子《こうし》主義、英語で孔子はConfucius コンフューシャス）と呼び、朱子学をNeo-Confucianism（新孔子主義）と呼ぶ。朱子学が儒教を母体にしながら相当違うものになったという認識である。私もその点には異論は無い。だが単純に、儒教は朱子によって「リニューアル」され「洗練された」と考えていいものだろうか？

実は歴史学の視点に立つと、朱子学とは国家や民族の進歩を徹底的に妨げる、保守の権化のような「百害あって一利無い」思想にしか見えないのである。これが最も明確に分かるのが、実は日本の幕末の歴史だ。まさに冒頭で述べたように「明治維新の障害」だった部分である。

それを象徴する人物が島津《しまづ》久光《ひさみつ》という男だ。腹違いの兄の島津斉彬《なりあきら》はおそらく幕末の大名の中で最も優秀で開明的な人間だったが、久光は父の斉興《なりおき》と並んで極めて保守的で頑迷だった。斉彬は、「安政《あんせい》の大獄」と呼ばれた井伊《いい》直弼《なおすけ》の強権政治に対抗し、クーデターを起こすことを計画した。まず最も信頼する家臣、西郷隆盛《さいごうたかもり》を根回しのため京へ派遣し、自らは西洋に学んだ技術で日本初の国産ライフル銃三〇〇〇挺《ちょう》を製造させ、それで武装した兵を訓練して強力な軍隊を設立した。

だが、よく知られているようにこの計画は実行されなかった。今か今かと主君の上洛《じょうらく》を待っていた西郷のもとに届いたのは、健康でまだまだ若い斉彬が急死したとの知らせであった。何度も言うように、本書は日本史ではないのでこれ以上詳しくは語れないが、私はこの斉彬の急死も保守勢力による暗殺で、根底にあるのは朱子学だと考えている。興味ある方は『逆説の日本史』（小学館）の方をご覧いただきたい。

ここでは世界史でも取り上げるべき久光と斉興のエピソードを紹介しよう。斉彬が薩摩いや日本のために製造した三〇〇〇挺の最新鋭のライフルと、薩摩藩の戦闘力を強化するため（それも根本的には日本のため）に外国から買い入れた西洋式軍艦が、その後どうなったか、である。

なんと、斉興と久光の二人は軍艦を破壊しライフルは廃棄処分にしてしまったのである。

朱子学という「鎧兜」を捨てられなかった幕府方の武士

状況を整理しよう。幕末つまり一九世紀末の世界は、欧米列強がアジアやアフリカを植民地化しようと全世界に軍隊を派遣していた時期である。日本が常にライバル視してきた中国（当時は清《しん》）も、欧米の進歩した兵器の前にあっけなく敗れ去った。

アヘン戦争はイギリスの侵略だった。悪が栄えたのである。このような状況の中で、欧米列強の魔の手は日本にも及んできた。当然、やるべきことはただ一つ。欧米列強の侵略に対抗可能なように、特に兵器の近代化をすることだ。いちはやくそれを実行したのが薩摩藩の名君、島津斉彬で、そのため薩摩は国産で西洋式ライフル銃を製造できるほどの技術力を身に付けた。まだ軍艦は建造できなかったので外国から買ったが、とにかく薩摩はこの時点で近代化に成功していた。

にもかかわらず斉彬が死んでしまうと、その父斉興と子の島津久光（斉彬の異母弟）は、軍艦も最新鋭のライフルも残らず廃棄処分にしてしまった。なぜそんなバカなことをするかといえば、理由はただ一つ。それらの兵器が「野蛮人の技術」によって作られたものだったからである。欧米人という「野蛮人」には文化は無いし技術も無い。まともな国家の人間がそんな怪しげなものを保持してはならず、一刻も早く廃棄すべきなのである。

そんなこと言っても、西洋式ライフルの方がはるかに破壊力があって火縄銃じゃ勝てないじゃないか、と読者の皆さんは思うだろう。その通り、それは子供でも分かる話だ。しかし、朱子学に骨の髄まで毒された彼らにはそれが分からない、いや分かろうとしない。「野蛮人に優れた文化などあるはずがない」からだ。彼らは「現実を見ようとしない」のである。

ライフルが出現してから武士の鎧兜《よろいかぶと》はまさに「百害あって一利無し」になってしまった。言い過ぎではなく事実だ。日本の鎧兜は戦国時代の火縄銃に対応したもので、ライフルの銃弾は防げず銃弾は必ず鎧兜を貫通する。さらに問題は、貫通時に鎧の一部分を肉に食い込ませてしまい、ケガがひどくなることだ。だから「百姓身分」から念願の武士になった新撰組《しんせんぐみ》の土方歳三《ひじかたとしぞう》も、鎧兜は捨ててフランス式の軍服にした。鎧兜は重量があり身動きも鈍くなるから、ライフルの標的にもなりやすい。官軍もそんなものは捨ててしまったのに、幕府方の武士の多くは鎧兜で武装していた。彼らは「鎧兜」という「朱子学」を捨てられなかったわけだ。

それに朱子学の世界では「火縄銃をライフルに替えられない」、もう一つの大きな理由がある。「祖法《そほう》を変えてはならない」という信念だ。祖法とは「先祖の決めた法（ルール）」という意味で、なぜ変えられないかと言えば、儒教そして朱子学の最大の徳目である「孝」に反するからである。といっても、意味が分からない人がほとんどだろう。つまり、こうだ。先祖とは「親の親」である。その親が決めたことを子孫がみだりに変えるのは、「子の分際で親が間違っていると指摘するのと同じ」ことになる。だから「孝」に反し絶対に許されないのだ。それゆえ久光は断髪令に従わず、息子忠義《ただよし》にも「ちょんまげを切るな、西洋医にかかるな」と遺言し、息子は明治になってもそれを守り続けて死んだ。

それだけではない。そもそも幕府が鎖国を続けようとしたのも「祖法に反してはならぬ」と考えたからなのである。

日本人は自分の国の歴史を知らなかった

日本の歴史学は宗教や思想を無視して事件だけを記録している。お疑いなら高校時代に使った歴史教科書で、日本の江戸幕府が鎖国にこだわった理由を調べてみるといい。たとえば「幕府は世界情勢の認識にとぼしかった」などと書いてある。大ウソである。当時の友好国のオランダ国王は、日本の幕府に対して開国勧告をしてくれた（一八四四年）。このままでは大変なことになると忠告してくれたのだ。その時点で幕府はすべてを知っていた。では、なぜ、その好意あふれる勧告を謝絶したかといえば、「祖法」に反するからなのだ。祖法とは前に述べた通り「先祖の決めたルール」で、それが絶対に変えられないので開国できない、ということである。このオランダ国王への幕府からの返答はＡ４半分ぐらいに入る短いもので、全文を教科書に載せるのは造作もないことなのに、こんな大事な史料を日本の教科書は載せていない。

全文載せていない理由はお分かりだろう。載せたら、次に来る質問は「なぜ祖法は変えられないのか?」になるからだ。日本の歴史学界は、これに答えられない。日頃から宗教や思想を無視して歴史を「研究」しているからだ。

皆さんはもう答えられるだろう。それは朱子学のせいだ、と。逆にどうしても私の見解が信じられないというなら『コミック版　逆説の日本史　江戸大改革編』(小学館刊)の最終コラムをご覧いただきたい。そこにオランダ国王への返書が全文引用してある。それを読めば私の言うことが正しいか、それとも歴史学界の態度が正しいか、一目瞭然《りょうぜん》で理解できるだろう。

実は江戸時代の日本は、朱子学が支配した時代なのである。なぜそうなったかといえば、それ以前の日本はルールの無い世界だったからだ。典型的なのが本能寺《ほんのうじ》の変で、明智光秀《あけちみつひで》は自分を大名にしてくれた大恩人の織田信長《おだのぶなが》を殺し、同じくその家来だった豊臣秀吉《とよとみひでよし》も大恩ある織田家の天下を奪ってしまった。それを横目で見ていた「信長の弟分」徳川家康《いえやす》は、これではいけないと思い、日本にモラルを確立するために朱子学を導入し、武士の基本教養としたのだ。

だからこそ江戸時代は朱子学を知らないと理解できない。しかし皆さんは疑問に思わないだろうか。徳川家康はイギリス人ウィリアム・アダムズを外交顧問にするなど、開国路線の支持者であった。にもかかわらず、幕末の日本人は「鎖国は祖法」だと信じていた。つまり日本人は自分の国の歴史を知らなかった。なぜ、こうなるのか？

それも朱子学である。朱子学は商業を人間のクズのやる卑しい行為と考える。だから子孫たちは、神君家康公がそんなバカをしたはずがないと考えるようになった。朱子学の害毒は現実を直視しないことだ。だからこそ、こうなるのである。

朱子学のもたらす害毒をまとめておこう、主要なものは三つである。

第一に祖法に縛られるため新たな改革が不可能になること。

第二に現実から目を背けるので歴史をゆがめてしまうこと。

第三に商売は人間のクズのやることだという偏見が、貿易立国などあたりまえの国家運営の障害になること。

つまり朱子学が「蔓延《まんえん》」した国家あるいは民族は、必ずこのような症状に悩まされるわけだから、朱子学というものは薬ではなく一種の毒物である、と歴史家としては評価せざるを得ない。

では、朱子を新たな哲学の完成者とし高く評価する哲学史や思想史の立場はどうなるのか？

渋沢栄一が強調した「朱子学の罪」

歴史家の立場から見れば、朱子学とは歴史の進歩を妨げる極めて有害な「毒」であるとの判断が先に立つ。「百害あって一利無し」とまでは言わない。というのは、特に日本においては前にも述べた通り、朱子学が明治維新を促進した部分も確かにあったからだ。

しかし「朱子学の毒」は実に甚大な被害をもたらす。日本においては、本当の意味の「朱子学中毒患者」は島津久光だけだったといってもいい。だから、久光は廃藩置県にも反対し、先にも述べたとおり断髪令にも従わず、息子の忠義には「髷《まげ》を切るな、西洋医にかかるな」と固く遺言した。忠義は明治の宮中晩餐《ばんさん》会にも首から下は洋服、頭はチョンマゲで出席していたのである。「二十四孝」に選ばれるような話ではないか（笑）。

いや、決して笑い話ではない。日本は「朱子学中毒患者」ではない勝海舟《かつかいしゅう》や坂本龍馬《さかもとりょうま》や福澤諭吉《ふくざわゆきち》がいたから西洋近代化ができた。しかし、当時の「中国」である清国や朝鮮国では近代化が極めて困難だった。なぜかといえば話は簡単で、清国や朝鮮国は政治にかかわる人間は「オール久光」だったからだ。科挙（高級官僚登用試験）で官僚を選ぶからだ。その科目はもちろん朱子学である。科挙合格者でなければ基本的に「士」になれない。そして「士」以外の「農工商」は政治への口出しを一切認められていない。それも朱子学のとり決めだからである。

つまり日本において島津久光はあくまで「例外」であったが、清国や朝鮮国ではそれが「スタンダード」だったのだ。当然、坂本龍馬や渋沢栄一《しぶさわえいいち》がいたとしても彼らの国では出番がない。その渋沢栄一が日本に資本主義を確立するためにいかに苦労したかは、拙著『お金の日本史』（KADOKAWA刊）で詳しく述べたところだが、要点だけ繰り返せば、日本資本主義の確立は極めて困難だった。日本の江戸時代は朱子学の時代で、武士という武士は「商売は人間のクズのやることだ」という朱子学に基づく偏見をもっていたからだ。

そこで天才、渋沢栄一が取った手段が「儒教の開祖の孔子はそんなことは言っていない」という歴史的事実を強調することだった。渋沢はそのものズバリ「朱子学の罪」と題する講話の中で、「この孔子の教旨を世に誤り伝えたものは、宋朝の朱子であった。孔子は貨殖富貴《かしょくふうき》を卑しんだもののように解釈を下し、富貴を得る者をついに不義者にしてしまった」(『渋沢百訓』角川ソフィア文庫より一部抜粋)と告発したのである。

清国や朝鮮国には渋沢栄一はいなかった。もし、いたとしても活躍できる土壌は全くなかった。だからこそ、資本主義確立という意味でもこれらの国は大変苦労した。清国を倒した孫文《そんぶん》は民主主義と資本主義という二本の柱で中華民国を発展させようとしたが失敗した。民主主義がどのように妨害されたかはいずれ述べることになるが、資本主義の方はもうおわかりだろう。「商売は人間のクズのやること」という固い信念がある国では、健全な資本主義など育つはずもない。むしろ大衆は「資本家も商人の一員であるから悪だ」という中国共産党の言葉に耳を傾けるようになる。その結果、今の中国、つまり本土の支配者は共産党になった。

しかし、これだけ害毒をもたらした朱子学の完成者朱子は、哲学史では高く評価されているのである。一体これはどういうことなのか?

「商人」「商業」の語源

以前、読者から「なぜ朱子学は商売を人間のクズのやることだと考えたのですか?」という質問を受けたことがある。

遠まわりのようだが、同じくその部分が気になって先に進めない人もいるかもしれないので簡単に説明する。確かに、いずれこの問題は大きく取り上げなければならないので、既に理解している読者は、復習の意味で読んでいただきたい。

前にも述べたように、人類は農耕民族となってから初めて文明を発達させた。定住できるようになったからだ。国家も基本的に農民から税の形で米や麦を徴収し運営するという形ができ、国家にとっては農民こそ「良民」であるとの考え方が生まれた。

ところが商人は定住せず、ある地方で仕入れた物資を別の地方で仕入れ値より高く売る。それは当然で、彼らもボランティアでは無いから、生活費が必要だし物資を輸送するには経費もかかる。それは当然織り込んでいいと現在の経済学なら教える。

だが実はこうした考え、つまり「商業利益とは正当なものである」という考え方が成立するには、東洋でも西洋でも極めて長い時間を必要とした。それどころか、商人とは自分では何も生産しないのに、たとえば一〇〇円で仕入れたモノを一二〇円で売り「不当な利益」をあげる「悪人」とみなされた。したがって農業が主体の国家であればあるほど、商人は差別された。

ちなみに、中国史上最大の暴君とされる紂王《ちゅうおう》の国「殷《いん》」は「周《しゅう》」に滅ぼされるのだが、その後の研究で周に倒された王朝は殷という名ではなかったことが判明した。そう呼んだのは周なのだ。では彼ら自身は自分たちのことを何と呼んでいたのか。実は「商《しょう》」なのである。そして彼らは国が滅ぼされた後も民としては生き続けたので生業を必要とした。しかし、田畑は奪われたのでやむを得ず交易や流通業に活路を見いだした。そこから「商人」あるいは「商業」という言葉が生まれたとされる。

最近はこれを俗説として否定する向きもあるが、私はこれでいいと思っている。なぜなら、これは人類史の法則にそっているからだ。西洋でもローマ帝国に国を滅ぼされたユダヤ民族は、農業と決別して交易や流通に活路を見いだし、それによって「良民」とは区別され差別（キリスト教も原因だったが）された。

ただし、孔子は商人を差別はしていない。不正な金儲《もう》けには否定的だが、金儲け自体を否定はしていない。それを「商業は人間のクズがやることだ」と極端に誇張したのが朱子学だ。だからこそ渋沢栄一は「孔子はそんなこと言ってないよ」と告発したのである。

ここも歴史のキーポイントで、朱子学とは儒教が持っていた偏見や差別を極端に誇張したものだと定義できる。たとえば儒教にも異民族に対する差別はあったが、それを「異民族など野蛮の極致だから殺してもいい」と叫んだのが朱子学だ。一事が万事この調子で、私には朱子学の主張は極めてヒステリックに聞こえる。では肝心の朱子の著作はそういう叫びにあふれているのか？実は驚くべきことに、そんなヒステリックさは微塵《みじん》もないのだ。

「理」「気」「性」「情」から成る宇宙論

本項冒頭で百科事典に載っている朱子の哲学者としての評価を紹介した。再録すれば「儒学において空前といわれる思弁哲学と実践倫理を築き上げた」というもので、「空前」というからには極めて画期的で、儒学（儒教）の歴史においては高く評価されているということだ。また西洋では朱子からの儒教を「新儒教」と呼び、それまでの儒教と区別した。

どこがそれまでの儒教と違うのかといえば、新たな宇宙論を展開し、それを儒教の伝統的な人間観と結びつけたからだろう。朱子の思想の入門書でもあり集大成でもある『近思録《きんしろく》』にはその思想が述べられているが、入門書でありながら極めて難解ではある。思い切りかいつまんで説明しよう。

まず朱子はこの世界のものすべてが「理と気」によって出来上がっていると述べる。「理」とは何かといえば、現代語で一番近いのは「法則」だろう。「ニュートンの万有引力の法則」の「法則」だ。ただし物理学の法則はすべて自然を観察することによって発見されたものだが、朱子の言う「理」はまったく違う。身も蓋《ふた》もない言い方をすれば、朱子の頭の中で作り出されたものである。

その「理」によって動かされる物質（人間も含む）が「気」だ。つまり「理」と「気」は別々にあるものではなく対立しているのでもない。常に一体化している。

だから人間も「理」と「気」でできているわけだが、その人間の構成要素を朱子学では「性」と「情」だとする。「性」は男女のことではなく「人間の性質」という意味で、「情」は「感情」だ。そして、朱子学では「性」は「理」と一致する（性即理）と考える。つまり人間は生まれながらにして宇宙の法則、それも天が定めた徳（孝や義など）を持っている存在なのだ。性善説、つまり生まれつきの悪人はいないということだ。

しかし実際には世の中に悪人はいる。なぜそうなるかと言えば「理」を正しく理解していないからだ。だから「情」が悪い方向に働くことになる。ではそれをどうやって防ぐか？　学問をするのである。もちろん学問とは朱子が定めた新しい儒教、つまり朱子学を学ぶことだ。朱子学さえ学べば誰もが聖人（理想的な人間）になることができる。

簡単にまとめてしまえば、朱子学とはこういうものだ。さらに言えば、この独特の宇宙論は風水とも関連付けられた。風水とは「気の流れを制御して幸運を呼ぶ技術」のことだが、基本は中国独特の占いである「易《えき》」に基づくもので、紀元前からあるが科学的な根拠は無い。だが朱子はそれを「理気論」と関連づけた。都をどこに定めるのが正しいか、先祖の墓をどこにするのが良いかなども風水で決めることができ、その理論も朱子学に含まれている。そういう意味で朱子学は「学」とは言うものの、やはり儒教という宗教の一派であることは間違いない。

このように、朱子学の教えの中には明らかにヒステリックな部分は見当たらない。しかし結果として見るなら、朱子学は東アジアに巨大な害毒をもたらしたことも事実である。なぜそんなことになったのか？　私は朱子が儒教を「学問さえすれば聖人への道は誰でも開けている」としたところに大きな「罠《わな》」があると考えている。これを裏返しに言えば「学問しない人間はクズだ」ということになるからである。

埋め込まれた「憎悪と偏見の種子」

絵画であれ音楽であれ小説であれ、人間の作ったものである限り、作者のその時の気分や環境が作品に大きく影響する。影響を受けないのは数学の公式くらいだろう。しかし朱子学は哲学であり宗教である。当然作者の個人的状況を考えなければいけない。

私が何を言いたいかおわかりだろう。「靖康の変」（一一二六年）だ。この歴史上「中国人の受けた最大の屈辱」が朱子の精神に何も影響を与えていない、などということがあり得るだろうか？

朱子学とは、それまでの宋学、つまり北宋時代の儒学者の思想を、朱子が集大成したものとされる。朱子に最も強い影響を与えたのは、北宋の程頤《ていい》（一〇三三〜一一〇七年）というのが定説だが、程頤と朱子には決定的な違いがある。程頤は靖康の変以前に死んだ。屈辱を味わわずに済んだのである。しかし朱子の心には、金という異民族国家から受けた大きなトラウマがあったはずだ。

実は哲学や思想史の研究者は、こういう見方をほとんどしない。それこそ、まるで数学の公式を見るように哲学自体を「客観的作品」として見て、作者のトラウマなど重視しない。だからこそ、どの百科事典でも朱子を「新儒教」の大成者として高く評価している。しかし私は歴史家として、歴史上の人物として朱子を見る。あの時代のすべての南宋人には、靖康の変が頭にあったはずだ。南宋という国はそれによって生まれたのだから。

それにしても、朱子の著作にはトラウマに基づくような過激な主張は一切無い、との反論があるかもしれない。そこで思い出していただきたいのが中国人の性格である。そのプライドの高さは異常なほどで、武則天の項で指摘したように、武則天の方が日本のマネをしたのは明らかなのだが、誰もそれを言わない。異民族（＝野蛮人）ごときに、影響されたことは死んでも認めたくないというのが彼らの心情だ。だからこそヒステリックな表現は無い。

しかし朱子の主張をまとめると、学問（＝朱子学）をやらない人間は決して真理にたどり着けない。つまり野蛮人は絶対に聖人になれないし、当然彼らには文化など無い、ということになる。だからこそ、それを深く学んだ島津久光のような人間は、外国文化の優位性を認めてそれに沿う改革をするのを拒否した。また最後の中国ともいうべき「清国」では、政治に携わるものは「オール久光」であったからこそ、清国はとうとう西洋近代化が出来ず滅びた。

それゆえ、そもそも朱子学には、異民族を徹底的に野蛮視する、朱子の「憎悪と偏見の種子」が埋め込まれていたと考える方が、論理的ではないかと私は思う。ちなみに『朱子学入門』（ミネルヴァ書房刊）の著者の垣内景子《かきうちけいこ》・早稲田《わせだ》大学教授は、朱子の友人からの手紙を引用し、朱子は個人としては「短気で怒りっぽく、怒ると相手を痛烈に批判し、しかもそれが執拗なまでにしつこかった」「困ったヤツ」であったと述べている。私に言わせれば、それも靖康の変のトラウマがもたらしたものだ。

ところで『水滸伝《すいこでん》』をご存じだろうか。乱れた世の中を正すために一〇八人の英雄が突然出現し、国を立て直そうとする物語だ。実はあそこに登場する皇帝こそ、他ならぬ中国史上最低最悪の皇帝徽宗《きそう》なのだ。

つまり朱子学も水滸伝も、そういう意味では漢民族の「あのとき野蛮人に勝ちたかった」という「見果てぬ夢」が生んだものと言えるのではないか。

岳飛と文天祥

中国における忠臣の条件

儒教でも、そのリニューアル（私は改悪だと思う）版の朱子学《しゅし》でも、一番大切な徳目は「孝」であり、次が「忠（忠義）」であることは変わらない。「孝」を実践した「孝子」については何人か紹介したが、「忠」を実践した忠臣にはどんな人物がいたのか？

忠は「君主に尽くすこと」だから、その担い手は必ず「臣（家臣）」になる。中国人だけでなく、近代以前の日本人なら誰もが知っていたと言って過言ではない有名な忠臣が二人いた。それが表題にある岳飛《がくひ》と文天祥《ぶんてんしょう》である。二人とも南宋《なんそう》の皇帝に仕えた家臣であった。

なぜ二人とも南宋の臣なのかと言えば、きちんと理由がある。たとえば現代の会社を思い浮かべて欲しい。経営者も優秀で売上も順調に伸び、将来もバラ色である。社員も優秀な人材が集まってくるし、退職する人間などいない。そういう順調な会社があるとする。ところが優秀な社長が急死し、バカ息子が二代目を継いだ。新社長とその取り巻きが会社を食い物にし、どんどん業績は落ちて行く、このままでは間違いなく倒産だ。さて、あなたがこの会社の社員だったら、どうしますか？

もちろん、社長に心を入れ替えるように説得を試みるという手もある。しかしきわめつきのバカ息子で改心する気など毛頭なさそうだ。そこへ誘いが来た。今より待遇も良くしてあげよう、ぜひともウチの会社にいらっしゃい、という誘いの手である。ほとんどの人間がここでライバル会社に移るだろう。バカ息子が説得を受け付けないのだから仕方がない。しかし、「それでもオレはこの会社に残る」という人物がいたらどうか。理性的な判断とは言えないが、珍しいほどの愛社精神のある人物だという評価は得られるだろう。

実は同じことなのである。中国人は名君に仕えた人間はどんなに優秀であっても、それほど高く評価しない。実際その家臣がいかに「忠」を尽くしていたとしても、それは待遇や報酬が上がることを見越してのことだったかもしれない。いや、きっとそうだ。名君とはそういう家臣の働きをしっかり見ていて、適切に評価するから名君なのである。

では、その逆の暗君《あんくん》つまりダメな主君はどうか？　いくら忠を尽くしても見返りなど一切期待できない。いやそれどころか自分の身さえ危うくなる。なぜならバカな主君は誰が真の忠臣か見分けがつかず、佞臣《ねいしん》（忠臣の反対語）の言葉に耳を傾けるからである。この先はもうお分かりだろう。会社のたとえで言えば、ライバル会社の好条件のヘッドハンティングにも一切耳を貸さず「沈みゆく泥船」に最後まで残ったのに、報われることはまったく無かった……。

これが中国史における忠臣の条件なのである。

その条件にぴたりと当てはまるのが岳飛であった。彼は一一〇三年、宋（北宋）に生まれた。「靖康《せいこう》の変」は彼が二三歳の時の事件である。そして徴兵されたわけではないのに、自ら義勇兵として宋軍に入り金《きん》軍と戦い、軍人としての腕を磨いた。おそらく彼は宋王朝で最も優秀な軍人であった。なぜなら、その後の戦いで彼は宋軍が全く勝てなかった金軍に対して連戦連勝したからだ。当然、国民的英雄になった。しかし、その南宋の希望の星は無実の罪で投獄され殺された。同胞の手によって、である。

何故そんなことになったのか？

ライバル秦檜から徹底的に弾圧される

南宋きっての英雄岳飛には巨大な政敵がいた。秦檜《しんかい》という一三歳年上の官僚であった。たたき上げの軍人である岳飛と違って、科挙に優秀な成績で合格したエリートであった。秦檜自身も「靖康の変」のおり、金軍にとらえられ金の首都に連行されたが、三年後に解放された。その時、北宋は滅び南宋の世になっていたので、南宋初代皇帝となっていた高宗《こうそう》（徽宗《きそう》の九男）のもとへ出頭したところ、高宗は彼を宰相つまり総理大臣に抜擢《ばってき》した。

なぜそこまで高宗は秦檜を評価したのかといえば、そもそも宋は文治国家で軍人よりも官僚を重んじる国であったことと、金に抑留されていた間に金の重臣たちとの間にコネクションを築いたと秦檜が強調したからである。この「コネ」、実は相当問題があると私は考えるが、高宗はそこを高く買った。

高宗は和平論者であった。和平論者と言うと現在の日本ではそれだけで評価が高くなるが、何が何でも和平というのはいただけない。相手が侵略者だった場合は毅然《きぜん》として戦わないと、国家は滅ぼされ国民は塗炭の苦しみを味わうこともありうるからだ。

ただし、逆に何が何でも戦うことが正しいとも言えない。勝てない戦いを無理やり強制すれば、やはり国民を苦しませることになる。高宗に関して確実に言えるのは、金の軍事力を大いに恐れていたということだ。彼も「靖康の変」では皇族の一人として連行されるところをかろうじて逃げてきた。だからこそ兄たちを差し置いて皇帝になることができたのだが、実は彼の母も妻（皇后）も娘も全員金につかまって、例の洗衣院（娼婦訓練所《しょうふ》）に入れられている。こうした場合、復讐《ふくしゅう》の鬼となって徹底的な抗戦派になる人間と、臆病《おくびょう》風に吹かれて和平派になる人間の二通りがいるのだが、高宗はどうやら後者だったらしく、だからこそ和平派の秦檜を重用し国政のすべてを任せた。

問題は秦檜の本音はどうであったか、だ。本当に国家のこと国民のことを考えて和平に踏み切るべきだと判断したのならいいが、抑留中の三年間に脅され、寝返って金の「工作員」になった可能性も否定できない。とにかくその後の秦檜の行動だけを述べれば、金との和平交渉を進める一方で、岳飛ら抗戦派を徹底的に弾圧した。岳飛は背中に「尽忠報国《じんちゅうほうこく》」つまり「忠を尽くして国に報いる」と刺青《いれずみ》を施すほどの愛国者だったのに、「謀叛《むほん》をたくらんだ」という絶対に犯すはずのない容疑で投獄され、獄中で毒殺されてしまった。さぞかし無念であっただろう。この一連の謀略を仕組んだのはもちろん秦檜だが、そんなことが可能であったのも、高宗がすべてを秦檜に任せていたからだ。そのことを忘れてはいけない。

のちに岳飛の名誉は回復され、「王」の称号を追贈された。だから彼の墓所は岳王廟《がくおうびょう》と呼ばれている。南宋の首都は現在の杭州《こうしゅう》である。そこに今もある岳王廟の参道脇には、後ろ手に縛られ座らされた秦檜夫妻の銅像がある。なぜ夫妻かというと、岳飛を毒殺することを夫に強く勧めたのは名門出身の妻だったからだ。かつては参拝者がこの像に唾《つば》を吐きかけるのが「作法」で、小便をかけるのも許されていた。本当の話である。

つまり岳飛は「忠臣の鑑《かがみ》」で秦檜は「極悪人」、それが朱子学の判断なのである。

野蛮人国家の朝貢国に成り下がる

岳飛を謀殺した秦檜の銅像（杭州市岳王廟）には、現在でも（禁止はされているが）唾を吐きかける参拝客がいるという。だが、これぐらいで驚いてはいけない。「忠孝絶対」ということはそれを貫くためには何をしてもいいということで、父の仇や国賊（売国奴）の墓は暴いてもいいし、文字通り「死者に鞭《むち》打つ」ことも許される。そもそも、この言葉「臥薪嘗胆《がしんしょうたん》」という故事の中の登場人物が、実際に墓を暴いて父の仇の死体にムチ打ちしたというエピソードが語源なのである。

また近代になっても、中国以上の朱子学国家であった大韓帝国の総理大臣李完用《りかんよう》や中国国民党副総裁汪兆銘《おうちょうめい》は、「故国を日本に売った」売国奴として墓を壊された。汪兆銘に至っては秦檜像を模した「唾吐きかけ用」の銅像まで製作されたという（現在は撤去）。

岳飛をはじめとする抗戦派をすべて粛清することに成功した秦檜は、同時並行で金との和平条約をまとめた。それがある程度公平で対等なものならば秦檜もここまで憎まれなかったろうが、南宋の元号で紹興《しょうこう》一二年（一一四二年）に決まった和平条約（紹興の和議）で、結局南宋は「靖康の変」によって金に奪われた首都開封《かいほう》を含む華北の地を放棄することとなった。
それだけではない。南宋皇帝は金国皇帝から冊封されることになり、毎年銀二五万疋《ひき》を歳貢として献じることにもなった。漢民族の中華帝国が「野蛮人国家」の朝貢国に成り下がり、南宋は金国の臣下となったのだ。またしても「靖康の変」以来の屈辱を漢民族は受けることになった。

ただし、これをすべて秦檜の陰謀だと決めつけるのは正しくない。なぜなら秦檜といえども、皇帝の高宗に逆らってこれほどの重大事を決められるはずがないからだ。中国史においては皇帝が絶対の存在であるため、明らかに皇帝の失政であっても家臣の責任とされることが多い。皇帝を直接批判するのは憚《はばか》られるからだ。

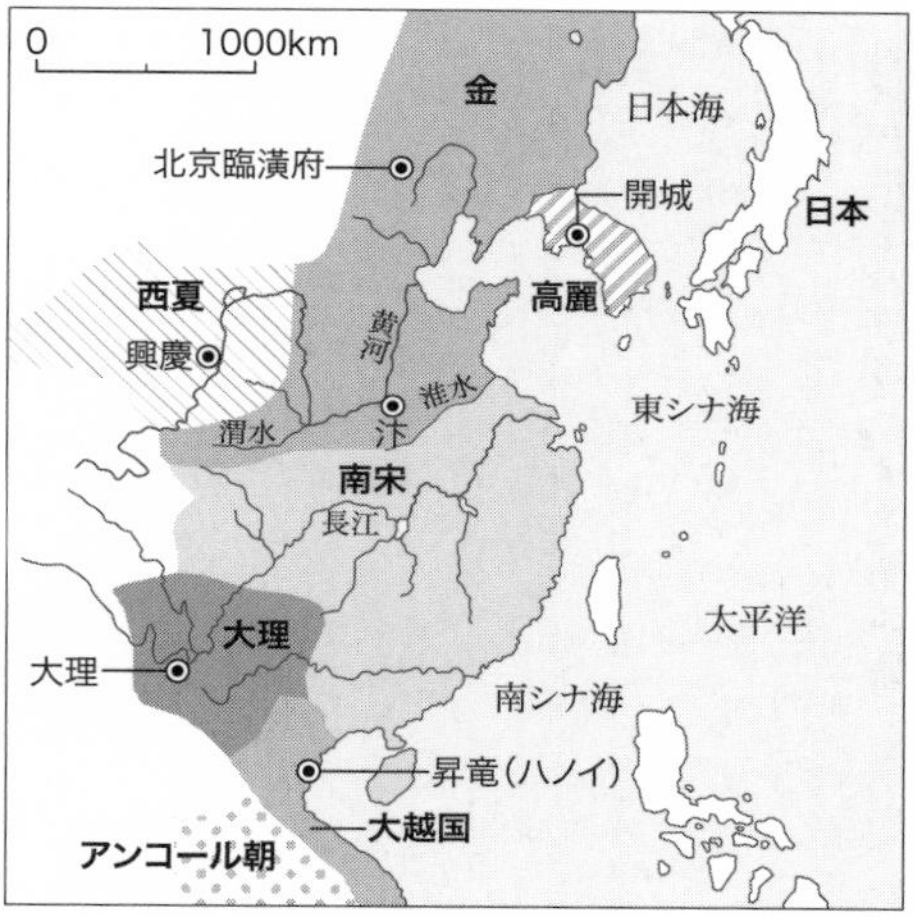

12世紀の中国とその周辺

さらに高宗を「母、妻、娘を娼婦にされても抵抗しなかった臆病者」と決めつけるのも問題がある。皇帝として真っ先に考えるべき最大の義務は、国家の安寧である。平和の実現と言ってもいい。高宗を自分の復讐心より公的立場を大切にした優れた人物だと見ることも可能だ。

実際「紹興の和議」により、それから約一〇〇年平和が保たれた。当時、選択肢として秦檜ら和平派を退け岳飛ら抗戦派を重用し、金と徹底的に戦う路線もあった。だがそれが成功したかどうかわからない。確かに岳飛は優秀な軍人だったが、金を完全に滅ぼせたかはわからないし、どちらに転んでもはっきりしているのは、戦争が続けば国民は苦しむということである。その事態を避けるために、あえて屈辱の道を選んだという評価もありうる。

しかしこうした評価を絶対に許さないのが朱子学の徒である。なぜなら「中華の民」が野蛮人ごときに屈服するなど「絶対にあってはならないこと」だからだ。だからこそ朱子学は歴史を歪《ゆが》めて見る。岳飛ら抗戦派を重用しておけば、野蛮人どもに勝てなかったはずがない（漢民族は必ず勝つ）。だからそうしなかった高宗は暗君（バカ殿）だが、それは直接言えないから、すべて秦檜の陰謀で秦檜は極悪人だ、という「歴史」になるのである。

科挙にトップ合格するも下野

日本人は神道の「悪いことは水に流してしまえばいい」を今も信じている。深層心理にそれがある。だからすぐに自分の国の歴史を忘れてしまう。南宋いや中国きっての忠臣の岳飛と文天祥を、江戸時代から明治にかけての日本人は少なくともインテリなら誰でも知っていた、という歴史的事実も忘れてしまっている。

岳飛のモットー「尽忠報国」は明治維新の志士たちの合言葉でもあった。明治天皇の名で発せられた「王政復古の大号令」は、これからは昔のように天皇が国を治めるぞ、と宣言したものだが、その中にも国民は天皇に対し「尽忠報国ノ誠ヲ以テ奉公」せよという文言がきちんと入っている。ただ尽忠報国の方は比較的早く忘れられた。日本が中国（清《しん》国）と対立関係になったからである。軍人が敵国の英雄を模範にするのは具合が悪い。そこで日本第一の忠臣、楠木正成《くすのきまさしげ》が言ったという「七生報国《しちしょうほうこく》」が日本軍人のスローガンになった。「七度生まれ変わって国に報いる」という意味である。

しかし、そのあともずっと日本人がお手本にしていた忠臣が、これから紹介する文天祥である。念のためだが文が姓、名が天祥である。一二三六年というから「紹興の和議」がまとまった約一〇〇年後、とりあえずの平和の中で彼は生まれ育った。飛び抜けた秀才だった。極め付きの難関である科挙に二〇歳の若さで、しかもトップで合格した。科挙にトップで合格した人間を特に状《じょう》元《げん》と呼ぶ。もちろん生涯の名誉で出世の道も約束されたと言っていい。

しかし彼は出世せず、一時は官を辞して下野した。自分が正しいと思ったことは絶対に譲らず直言する性格だったからだ。それでも主君や上司が耳を傾けてくれるなら問題ないのだが、ときの皇帝理宗《りそう》の宰相、賈似道《かじどう》とはまったくソリが合わなかった。この名は記憶されたい。

実はこの一〇〇年の平和の中で、とんでもない事態が万里の長城の向こう側で起こっていた。モンゴル帝国の台頭である。紀元前に秦《しん》の始皇帝《しこうてい》が万里の長城を築き、遊牧民族の農耕民族への略奪を不可能ならしめた後、モンゴル人は同じ民族でありながら部族ごとに対立を深め抗争に明け暮れていた。それまでのように、困ったときは農耕地帯に侵入し略奪をして生き延びる、という方法がとれなくなったからである。

だが、ここにひとりの英雄が出現した。若い頃の名をテムジンという。一一六二年というから

「紹興の和議」から二〇年後に生まれた彼は、他の部族にとらえられ奴隷扱いされるなど辛酸をなめた後、一二〇六年ついにモンゴル族を統一して帝国を建国し、初代皇帝チンギス・ハーンと名乗った。日本ではジンギスカンと呼ばれたこの男は、後に子孫が中国王朝のひとつ「元《げん》」を立ち上げた時も、偉大なる始祖として尊敬されることになるが、軍事と政治そして外交の天才であった。

あっという間にシルクロード周辺を征服し、今度は万里の長城の内側の金国に目を付けた。昔は強かった金国も当時は弱体化していた。皮肉なことに南宋が毎年贈っていた莫大《ばくだい》な財貨が金国を堕落させていた。「タダ酒に酔いしれてはいけない」という重大な教訓だろう。そしてモンゴルに大苦戦する金国を見て、南宋はまたまた道を誤ることになったのである。

「科挙幻想」にとりつかれた南宋

モンゴルに大苦戦する金国を見て、南宋は何を考えたのか？ もちろん金を滅ぼすことだ。どうやって滅亡させるかは、おわかりだろう。小島毅《こじまつよし》・東京大学教授の言葉を借りれば「宋はふたたび火事場泥棒として動く。一〇〇年前の靖康の変の恨みを晴らすべく、その時と同様に、新興勢力と組んで挾撃の挙に出たのである」（『中国の歴史7』講談社学術文庫）。

遠交近攻だ。遼《りょう》を滅ぼすために金と組んだ、あのやり方を再び実行したのだ。一応は成功した。南宋軍とモンゴル軍に同時に攻められた金は滅亡した。一二三四年のことである。そこまではいい。問題は靖康の変を招いた行動を反省し、同じ過ちを繰り返さないことだろう。具体的に言えば、モンゴルと結んだ領域に関する協定を遵守することである。ところが南宋はまた同じことをした。約束を破って領域を広げようとしたのである。結果も同じことになった。怒ったモンゴル軍は怒濤《どとう》のように南宋に攻め寄せてきたのである。

問題はなぜ性懲りもなく同じ過ちを繰り返したかだろう。靖康の変の教訓がまったく生かされていない。少しでも歴史を振り返り、教訓として学べばモンゴルの侵攻をとりあえずは防げたはずである。南宋の首脳部は科挙に合格したエリート集団ではないか。なぜ歴史に学ばなかったのか？

こういう一番肝心なことが、今までの歴史書では扱われていない。ただ愚かなことを南宋はやったと述べられているだけだ。しかし事実を羅列するだけでは、歴史を研究したことにはならない。それが私の信念である。

あるいは賢明な読者は理由がもうお分かりかもしれない。朱子学である。朱子学という傲慢《ごうまん》な宗教の「信徒」は自分たちが最も優秀な人間だと思い込み、外国文化を正当に評価することができない。いや、正確にいえば外国文化の存在すら認めない。そんな傲慢な集団だからこそ、高校生でも犯さない過ちを繰り返すのだ。お気づきかもしれないが、これは昭和前期の試験秀才しかなれなかった陸軍高級参謀が犯した過ちと同種のものである。朱子学そのものに毒されていなくても「ペーパーテストで優秀な人材は選べる」という、朱子学が生んだ「科挙幻想」にとりつかれるとこうなる。

宋という王朝は軍事が弱点だったと冒頭に述べたが、それでも度重なる国難が呼び水となって、南宋の時代には優秀な軍人がたびたび出現した。岳飛がその一人であることはもちろんだが、彼が謀殺された後も亡国の危機を救うべく優秀な軍人や兵士が現れ、一度はモンゴル軍を撃退した。

しかし、官僚は文官優位の考え（これも朱子学に由来する）に縛られ、彼らの価値を認めなかった。秦檜がその筆頭だが、せっかくモンゴルを撃退したこの時期にも、そういう軍人を蔑視《べっし》する官僚が政府の頂点に立った。名前を覚えておられるだろうか。理宗皇帝の宰相、賈似道である。理宗が亡くなった後も、この男は跡を継いだ度宗《たくそう》に全面的に政治を託された。

湖北省《こほく》に襄陽《じょうよう》という都市がある。古くは三国時代に関羽《かんう》も落とせなかった要害で、北方への守りを固めるためには絶対に必要な場所である。逆にモンゴルから見れば、この地を手に入れない限り南宋は滅ぼせない。その攻防戦が始まった時、宰相賈似道は中央で何をしていたか？

実は何もしていなかった、のである。

中国史上もっともマヌケな皇帝・宰相コンビ

度宗皇帝にすべてを任された宰相賈似道は、湖北省襄陽に籠城《ろうじょう》しモンゴル軍に必死の抵抗を続けている南宋軍から応援と補給の要請が来た時、どうしたか？

なんと、その必要は無いと拒否し無視したのである。

襄陽は華南を支配する南宋攻略のためには絶対に必要な拠点であり、ここがモンゴルの手に渡れば次は首都臨安《りんあん》の番となる。それは武官でなくても誰でも予測できることだ。しかし、賈似道は無視し続けた。攻城戦が三年目に突入すると、さすがにまずいと考えた女官がそれを度宗に言上した。

皇帝度宗は何をしたか？　もっとも信頼する宰相賈似道を呼んで問いただしたが、賈似道は御心配には及びませんと答えた後、さりげなく女官の名を聞きただちに彼女を無実の罪で残酷に処刑した。これで誰も皇帝に真実を言上しなくなった。なぜ賈似道はそこまでするのか？　南宋が滅びてしまったら元も子もないではないか。

モンゴルのスパイだったと考えればわかりやすいのだが、それにしては死に方がおかしい。彼はこのあとモンゴル軍が攻めてきた時、一度は大軍を率いて戦い、惨敗し責任を問われて左遷され護送中に殺されている。裏切り者ならモンゴルのもとに駆け込み生き延びたはずだ。そうではないということは、単なるマヌケだったということになる。バカ殿の極致のような皇帝度宗と、中国史上もっともマヌケな宰相賈似道のコンビが国のトップだったのだ。国が滅びるのはこういう時なのかもしれない。

襄陽籠城軍の司令官は呂文煥《りよぶんかん》という軍人だった。名将といっていいだろう、五年におよぶモンゴル軍の猛攻に耐え抜いたのだから。問題は賈似道がまったく補給をしてくれないことだ。援軍についても一度だけ送ってきたが、賈似道の娘婿の大将はモンゴル軍の迎撃にあい大敗した。私はそもそもやる気が無かったと推測している。ちなみに、この娘婿の名は范文虎《はんぶんこ》という覚えやすい名なので（笑）、ぜひ記憶の隅にとどめていただきたい。

さて、五年間勇猛に戦った呂文煥だったが、補給が無いので力尽きた。そこへモンゴルいや「元」と改名した国の軍使がやってきた。「降伏すれば兵士の命は助け元軍の将軍として迎える」

という。他の時代の「中国」なら「騙しの手」ということもあるが、この時代モンゴルいや元帝国皇帝のフビライは、異民族でも優秀な人間なら登用するという度量のある君主だった。名君と言っていいだろう。呂文煥は悩んだが五年間自分に命を預けてくれた兵士を殺さずにすむことと、何よりも全く補給をしてくれなかった中央に対する強い反感が背中を押した、彼は元軍の将となった。

おわかりだろうが、こういう状況でも「いや、申し出はありがたいがお受けできない。私は南宋の臣で皇帝と国家に忠義を尽くします」というのが朱子学的には最も正しい態度で、それこそが本当の忠臣なのだ。しかし呂文煥を陣営に加えた元軍が怒濤のように臨安に攻めてきたとき、多くの家臣は逃亡した。誰でも自分の命は惜しい。ところが人がいなくなった宮廷に出頭し、なんでもやりますと申し出た男がいた。それまで冷や飯を食わされていた「状元」の文天祥である。喜んだ宮廷ではただちに彼を宰相に任じた。「沈み行く泥船」の指揮を任されたのである。

スカウト固辞する「正気の歌」

文天祥は南宋の「破産管財人」となった。

史上最悪の宰相賈似道にすべてを任せていた度宗皇帝は若くして死に、跡を継いだ恭宗《きょうそう》はわずか四歳だった。あまりにも幼過ぎるので祖母の謝《しゃ》太皇太后(謝氏出身の、たいこうたいごう)がカーテンの陰から命令を下す、垂簾聴政《すいれんちょうせい》によって政治を続けた。

だが元との戦いは連戦連敗、官僚も軍人も次々に逃亡する。元軍はついに首都臨安を包囲した。

たとえ城壁が破られなくても、このままではいずれ食料が尽き飢餓地獄になるのは目に見えている。謝太皇太后はついに決断した。「国を元に譲る」という決断、つまり無条件降伏である。

宰相文天祥は強く反対したが、謝太皇太后の決意は固かった。文天祥が反対したのは、先祖から受け継いだ国家を当代で滅ぼしてはいけないと考えたからだが、それだけではない。皇帝一家の命が危ないと感じたからだ。実際、中国の王朝交替においては前の王朝の血筋が皆殺しにされる事例はあった。叛乱分子が皇室の一員をかつぎ上げる可能性があるからだ。現に北宋が滅んだとき、南宋が誕生したのもそれではないか。元がその「危険」を避けるため皇帝一家を皆殺しにするかもしれない、と文天祥は危惧《きぐ》したのである。

実際この南宋の正式な降伏の後も、不満分子は皇族の一人を担いで地方に逃亡し反抗した。もちろん元軍に直ちに鎮圧され叛乱軍は皆殺しにされたのだが、それが南宋最後の皇帝恭宗の運命を変えた。元軍は一度は彼の命を助けた。元との降伏交渉にあたった文天祥がそこは絶対に譲れないと頑張ったのだろう。元の首都大都《だいと》に連行されたが、それなりの待遇をうけていた。だが最終的には元の皇帝から自殺を命じられた。「危険」だからだ。

文天祥はどういう最期を迎えたのか?

元の皇帝フビライは「スカウト好き」であった。文天祥の優秀さと忠義なところが気に入って、何度も「朕《ちん》に仕えぬか」と誘った。ヘッドハンティングに応じた人間が能力に応じて優遇されることは既にいくつも例があったし、フビライの言は嘘ではないと文天祥も分かっていた。しかし断じてその誘いには応じなかった。おわかりだろう。忠誠を尽くすべきは南宋皇帝で、それ以外の君主に仕えてはならないのである。

それでもフビライは諦《あきら》めず、獄中の文天祥を口説き続けた。これに対し文天祥は漢詩（五言古詩）「正気歌」を書きフビライに送った。「しょうき」ではなく「せいきのうた」である。朱子学のところで解説した「理気論」を思い出していただきたい。あまりにも長文なので全部を引用することは出来ないが、「天地に正気有り」という歌い出しで始まるこの詩は、この世界すべてが「正しい気」によって満たされており、それゆえ忠義を尽くした人物が次々に壮烈な最期を遂げ歴史に名を残してきた。私もその道を行く、という内容だ。後世の人々に忠義の手本とされ朱子学が公式の学問となった江戸時代以降は、日本でも吉田松陰《よしだしょういん》や日露《にちろ》戦争の英雄、広瀬武夫《ひろせたけお》が日本版「正気の歌」を詠んでいる。

しかし、結局は文天祥も処刑された。「危険」だからだ。こうした「忠臣」が生まれる国というのは、民衆にとっては決して良い国ではないことはおわかりだろう。政治が良くないということだからだ。現に滅びた南宋の民衆の運命もまた悲惨であった。

降伏すれば家族全員が人質に

一昔前の話だが、ある漫画家がテレビ番組で日本の防衛について次のように発言した。

「絶対戦わない！　降参して中国領日本で生き続けることを良しとしてでも、戦いたくない人間はほっといてくれ」

いわゆる「右側の人」はこうした発言を愛国心に欠けると非難するが、同じ考えの人は今の日本に結構いると思うので、その方々に申し上げたいことがある。もちろん民主主義社会では思想信条の自由が認められている。だから「絶対に戦いたくない」とおっしゃるなら、「そう思う自由」を侵害するつもりは毛頭ない。ただ、歴史家として申し上げたいのは、「降参（降伏）では、戦わないという意志を貫けませんよ」ということだ。これは歴史の法則なのである。

歴史の法則といっても、決して難しい話ではない。この発言を現代の情勢にあてはめて私なりにまとめると、「中国が日本を侵略して来たって、ウクライナのゼレンスキー大統領のような徹底抗戦はせず全面降伏すればいいじゃないか。そうすれば人も死なずこちらも殺さずに済む」ということだろう。

実はこれ、絶対不可能な話なのである。「中国」という具体的な名前が出ているので説明がしやすくなったが、仮に日本が中国に全面降伏して「中国領」になれば戦争はすべて終わるのだろうか？　日本が降伏しても台湾が残っていたとしよう。その時点で中国政府は「中国人」となった「元日本人」に「台湾攻略軍に参加せよ」という召集令状を出す。町工場にも兵器を作れという命令が来る。

拒否すればいいじゃないかって？　こういう全面降伏論を唱える人がまるでわかっていないのが、「降伏とは家族全員を人質に取られること」なのだ。徴兵令に従わねば家族を殺すぞ、と脅されて拒否できますか？　家族のいない人でも、お前が命令に従わねば町内会の全員を罰するぞ、あるいは会社をつぶすぞ、などと言われたらどうか？

召集令状が来るというのは想像だろうって？　想像ではない。人間、誰だって死にたくないしケガもしたくない。それは侵略者（＝悪人）も同じで、悪人であればあるほど自分の身が可愛い。だから侵略者は降伏してきた相手に武器を持たせ、最前線に立たせるのである。

南宋は元に全面降伏した。早速召集令状が来て多くの南宋人は日本侵略（元寇《げんこう》）に駆り出された。その指揮官に「抜擢」されたのが、あの范文虎だ。同じく降伏していた高麗《こうらい》も多くの高麗人が徴兵され、日本侵略の為の軍船を多数製造させられた。拒否はできない。家族、同胞、皇室までが人質なのだから。実は日本でも徳川家康《とくがわいえやす》がまだ松平元康《まつだいらもとやす》だった頃、今川《いまがわ》家の人質同然であったため松平兵は常に最も危険な最前線で戦わされた。

それでも「絶対に戦わない」というなら方法は一つしかない。家族を連れて別の国に脱出することだ。それをやったのが映画「サウンド・オブ・ミュージック」のモデルとなったトラップ大佐一家で、あの映画は実話を元にしたものである。祖国が「ナチスドイツ領オーストリア」になったから、国を脱出するしかなかったのだ。

安易に全面降伏などすれば、将来的に日本人は米中戦争の最前線に「日系中国兵」として立たされる可能性すらある。こういう知恵を学ぶのが本当の歴史教育なのだが、現状では知識を多く持てば良しとする「クイズ王」しか生まれない。だから歴史教育の変革が必要なのである。

朱元璋と永楽帝

「元」は代替わりのたびに内紛で弱体化

儒教という宗教が中国に与えた主に悪影響、というのが本書の趣旨だが、その趣旨から言うとモンゴル人が建てた「元《げん》」については述べる必要はほとんどない。

なぜならば、モンゴル人は中華文明（=儒教体制）に染まることを拒否していたからだ。たとえば、日本にも攻めてきた元朝初代皇帝フビライは、通常の御殿の他に竹材製で解体移動可能な御殿を持ち、季節ごとにモンゴル高原に設けた副都の上都《じようと》と大都《だいと》（北京《ペキン》）との間を往復していた。季節ごとに羊の群れと共に移動する遊牧民族の伝統を守るためだろう。実際には征服した農耕民族（漢民族）から米や麦の形で税収があるので、そんなことをする必要は無いのだが。

また、いわゆる長子相続制も最後まで採用しなかった。元朝の歴史を見ると、わかりにくくて頭がクラクラしてくる。前の皇帝の長男がすんなり跡を継いだ例はほとんどなく、相続のたびに一族の争いが起こり殺し合いが始まる。農耕民族はこうした争いを最初から無くすため、どんなバカでも嫡男《ちやくなん》（正妻の産んだ最年長の男子）が跡を継ぐ長子相続制というルールを作ったのである。農耕民族は定住し食料の蓄積もできるから大胆な決断をする必要がない。一方、遊牧民族はボンクラがトップに立てば気候変動などに対応できず、滅亡の危機に瀕《ひん》する可能性もある。だから「優秀な男子」が跡を継ぐ形を取ったのだが、誰もが皇帝になりたいから争いが絶えないことになった。

逆に安定した国家ではそれは争いの種になる。だから長子相続制は、日本でも戦国時代が終わって江戸時代になり、ようやく完全に定着した。そして、ちょうど江戸時代初期に徳川家康《とくがわいえやす》によって導入された朱子学《しゅし》がそれを支えた。儒教の世界では子は親に絶対服従しなければならないが、同時に弟は兄に絶対服従しなければいけない。だから長子相続制を支える形となったのだ。そもそも儒教は農耕民族の宗教なのである。

しかし、「中華化」を嫌うモンゴル人はそうならなかった。歴代皇帝の中には科挙を復活して官僚制で国家を強化しようという人物もいたが結局うまくいかず、元は国として代替わりのたびに内紛で弱体化していった。

ところで元曲《げんきょく》という言葉をご存じだろうか？　近代以前の中国でもっとも演劇が盛んだったのがこの時代なのである。実は儒教は文学や演劇の価値を認めない。たとえば『風と共に去りぬ』や『源氏物語』のことを「小説」とよぶが、なぜ「小」なのか？　近代以前の中国では、天下国家などを論じる儒教、朱子学などの論説が「大説」であり、文字どおり、小さな説、取るに足らぬ説を「小説」と呼んだ。つまり、これは儒教および朱子学から見た差別語なのである。

ここでまた朱子学の理気論を思い出していただきたい。小説は虚構（フィクション）であり、平たく言えば「ウソを使って人生の真実を求めるもの」だが、朱子学では「ウソは何の価値もないどころか害毒である」と切り捨ててしまう。もちろん演劇も同じで、多くの人材が朱子学に流れる儒教体制では演劇は発達しない。だからこそ逆に元の時代に演劇は隆盛を極めた。

そして、この弱体化した元を倒して再び漢民族の国家を建てたのが朱元璋《しゅげんしょう》だ。彼は貧しい農民の末っ子であった。

社会の最下層から皇帝にのし上がる

元を滅ぼし明《みん》を建て初代皇帝洪武帝《こうぶてい》となった朱元璋は、社会の最下層にいた男だった。「朱《しゅ》」という姓はあるが、中国ではどんな貧民でも姓だけは持っている。それが無いと同じ一族かどうかわからず、男系社会では都合が悪いからだ。生まれは一三二八年というから、日本では後醍醐《ごだいご》天皇が鎌倉《かまくら》幕府を倒そうとしきりに画策していた時代だ。

これは東アジア共通だが、農家の次男坊以下は厄介者扱いされ、他の生き方に活路を見出《みいだ》すケースが多い。新田開発でもしない限り田畑は一家族分しかなく、それを継げるのは長男だけだからだ。だが貧しい農民であればあるほど、子沢山であることが少なくない。まともな娯楽は無く他にやることが無いから、どうしても「子作りに励む」ことになってしまう。

こんな環境の中で生まれた朱元璋は若い頃、中国全土を襲った飢饉《ききん》で両親と家族を失った。家族は全員餓死したのである。どうもこの時代、中国は気候不順で飢饉が起こりやすくなっていたようだ。そして、こんな時に大きな叛乱や革命が起きるのは歴史の常識である。餓えた人間の「食わせろ」という意欲は、どんなに強い力で抑えられていても止められない。フランス革命がそうだったし、もし今後北朝鮮に「革命」が起こるとしたら、同じことが引き金になる可能性がある。

朱元璋に一番似ている日本の英雄は豊臣秀吉《とよとみひでよし》かもしれない。最下層から一番上までのし上がったというのもそうだが、その過程でいろいろな有力者に気に入られ、贔屓《ひいき》にされたというのも同じだ。なんともいえぬ愛嬌《あいきょう》のある人間だったのではないか、と私は想像している。

家族を全員失った時まだ高校生ぐらいだったが、寺に入って僧となった。僧になれば最低限の衣食は保証されるので、ライバルは相当いたはずだが、そこをくぐり抜けられたのも、この愛嬌というか人間的魅力のおかげだろう。また寺に入って幸いだったのは、読み書きの初歩をマスターできたことだ。貧農では学問など出来ないから本も読めないのが普通だったが、そういう人間は中国社会では一段も二段も低く見られてしまう。出世するには最低限の教養が必要なのである。

朱元璋は現在の中国で言えば安徽《あんき》省の出身で、安徽省は海に面してはいないが淮河《わいが》と長江《ちょうこう》の二大河川が流れ、農業にも交易（商業）にも適した土地だ。寺で一通りの修行を終えると、彼はこのあたりを托鉢《たくはつ》して回った。これは修行というよりも寺では食い扶持《ぶち》が足りないので、追い出される形になり、やむを得ずやったことだろう。中国社会学が専門の上田信《うえだまこと》・立教大学教授も「その生活は托鉢僧というより乞食そのものであった」（『中国の歴史9　海と帝国』講談社刊）と断じている。

社会の最下層からのし上がったという点では漢の初代皇帝劉邦《りゅうほう》と似ているようだが、劉邦の家は日本風に言えば宿場の親分であり、彼は若い頃は遊び人として暮らしていたから食うに困ったことはないはずだ。それに比べれば、朱元璋は本当の意味での最下層の人間である。一体どのようにして皇帝にまでのし上がったのか？

もちろん彼個人の能力と運の良さもあるが、当時漢民族が団結できる「宗教」があったことも大きかった。それは儒教ではなく白蓮教《びゃくれん》と呼ばれていた。

「法話」でプライドと反感を育てる

白蓮教は南宋に始まった仏教の一派で、戒律がゆるやかで指導者層は妻帯も認められていた。こういうところは日本の親鸞《しんらん》に端を発する本願寺《ほんがんじ》教団とよく似ており、同じように保守派からは邪教扱いされたが、その分庶民には人気があった。

元は儒教化して中華帝国になる道を避けていた。だから科挙の実施にも熱心でなかったし、皇帝とは「天命を受けた者」であり「中国人」であるという意識も薄かった。当然、国民を道徳的に導こうともしなかった。極端に言えば「税さえ納めれば何をしてもいい」という、まさに「羊を放し飼い」にしている感覚だった。

だが、表面上はおとなしくしている「羊（漢民族）」には「われわれは遊牧民族のような野蛮人ではない」とのプライドがあった。幸いにして「放し飼い」であるがゆえに、学問や思想の統制は一切行われていない。そこで知識人たちは「義塾」を各地に作った。日本では福澤諭吉《ふくざわゆきち》の「慶應義塾《けいおう》」が有名だが、本来「義塾」とは「民間の援助、教育者のボランティアによって維持される、（身分を問わず）誰でも学べる学校」という意味だ。

皮肉なことに、科挙が実施されなかったため在野の学者が増え、ボランティア教員はそこら中にいた。後で詳しく述べるが、朱元璋も最下層の貧民出身でありながら、どこで学んだのか儒教のセンスを身につけていた。こうした教育環境が貢献したに違いない。

だが、朱元璋がまず身を投じたのは白蓮教徒の集団だった。いくら儒教の底辺が拡大したとは言え、庶民はほとんど文字が読めない。そういう人達にも漢民族のプライドを持たせ団結させたのが白蓮教の力だった。これは本願寺を織田信長《おだのぶなが》も手こずる戦闘集団にした蓮如《れんにょ》も使った有力な手段だが、とにかく「法話」をするからと信者を集めて教えを説く。その段階で信者に、われらは仏の真意を知る特別な集団であり、モンゴル族などという野蛮人とは違うのだという、プライドと反感を育てることができる。そして何度も集まることによって、それまで上下関係しかない「タテ社会」にいた人々が、同じ信徒という「ヨコ社会」の同志関係になる。ここまでくればしめたものだ。後はきっかけさえあれば叛乱を起こすことができる。

きっかけは元が人民に課した過大な労役に対する反発だった。帝国としての元が持っていた弱点は、「海に弱い」ということだ。もともと海を知らない内陸育ちの遊牧民族だからだが、一方漢民族は昔から海に慣れており、海上輸送を元から切り離すのも不可能ではなかった。

これに対して元が取った対抗手段は、苦手な海軍力の増強ではなく、隋《ずい》が建設して以来の大運河網を改修整備し、国内の流通力をアップして物資の補給を円滑にしようというものであった。だが、それが可能なら、隋以降の唐《とう》も宋《そう》も既にやっていたはず。結論から言えば中国大陸の地形から見て、当時の技術水準ではそうした改修は非効率であった。それなのに元は強行した。徴用した人民に充分な報酬（米）が支払われていればよかったが、飢饉《ききん》続きで食料不足だったから、結果的には空腹にさせたうえにコメはやれない、ということになった。食い物の恨みは恐ろしい。大叛乱が起こった。

紅巾《こうきん》の乱という。

漢民族の悲願を成す「天命を受けた者」

この叛乱をなぜ「紅巾の乱」と呼ぶかといえば、赤いスカーフ（紅巾）を頭に巻いて味方の目印としたからである。なぜ赤なのかと言えば、中国では五行説《ごぎょうせつ》という物質はすべて五つの元素（火、木、土、水、金）に分類でき、国家や人物についてもそれぞれ主要な元素が決まっている、という考え方があるからだ。ちょうど干支《えと》で「子《ね》年生まれ」と言うようなものだが、元に滅ぼされた宋は「火」で象徴する色は赤だったので、漢民族による国家復興を目指した叛乱軍は赤を目印としたのである。

この先、朱元璋がどのように元を滅ぼし中国を統一したかは大変面白いドラマなのだが、本稿のテーマとは直接関係ないので割愛させていただく。ただ彼の人生を見てわかるのは「三国志の時代には本物の英雄がいなかったのだな」という実感である。要するにあの時代は朱元璋ほど傑出した人物がいなかったので、「三国分立時代」になってしまったわけだ。ドラマとしては面白いかもしれないが、残念ながら曹操《そうそう》も劉備《りゅうび》も「今一つ」だったということでもある。

注意すべきは、朱元璋が天下を取るにあたって初期の「基盤」であった白蓮教、つまり仏教を捨てて儒教・朱子学にシフトしたことだ。最初は白蓮教の象徴的人物を皇帝として擁立したが、その人物を処分（公式発表は事故死だが暗殺した可能性が高い）した後は白蓮教を邪教として弾圧し、各地の義塾で教えていた儒者を招いて自分のブレーンとし、儒教による漢民族団結を目指した。教養のスタートは仏教だった朱元璋も、中国を動かすのは仏教などの「怪力乱神（＝迷信）」ではなく、それを否定する儒教・朱子学の方だとわかっていたのだろう。

一番頼りにしたのが朱子学者の宋濂《そうれん》であった。彼のアドバイスを受けて、朱元璋はたびたび部下に儒教思想による統治を呼びかけるようになった。たとえば「新しい国を作るには綱紀粛正が肝心で、それには礼と法による国の確立が必要だ」などというものだ。もちろんこれは儒教思想で言う君臣や親子など人間の絶対的な関係を、「忠」や「孝」という根本倫理で守ることが国を保つことだ、という意味である。

また「元が衰えたのは彼らが本来野蛮人で礼法（＝儒教）がわかっていなかったからだ」などと朱子学的世界観で漢民族のプライドを呼び起こした。当然、元は「中国」ではなく、これから朱元璋が作ろうとしている「国家」こそ真の中国ということになる。この手は後に孫文《そんぶん》も使ったので記憶にとどめていただきたい。

その中国建国に朱元璋は成功した。まず中国の南半分、かつて南宋の支配領域を確保し、さらに北半分に逃げた元の皇帝一族をさらに北方のモンゴル高原（万里の長城の外！）に追い払い、大都（北京）を陥落させた。漢民族の宋が華北の地を遊牧民族の金《きん》に奪われた靖康《せいこう》の変（一一二六年）以来二四二年ぶりのことだ。華北奪回という漢民族の悲願を成し遂げた朱元璋は、まさに

「天命を受けた者」として皇帝となることを宣言。国号を「明」とし、首都はとりあえず応天府《おうてんふ》（南京《ナンキン》）に定めた。

まさに朱元璋にとっても漢民族にとっても「我が世の春」だが、「天に選ばれた男」朱元璋には大きな悩みがあった。この点も日本の豊臣秀吉に似ているのだが、後継者問題である。跡を継ぐべき皇太子は「ひよわな」男だった。

洪武帝の晩年を狂わせた皇太子

即位して洪武帝となった朱元璋の後継者は朱標《しゆひよう》といった。長男で皇后が生母だから血統としては申し分なく、しかも思いやりがあり人柄もよかった。まさに二代目としては最適だったのだが、生まれつき身体が弱く三六歳（満年齢、以下同じ）の若さでこの世を去った。その時、父洪武帝は六四歳でその六年後に亡くなるが、この「病弱な皇太子」の存在が洪武帝の晩年を狂わせたという説がある。

最初に事実だけ述べれば、晩年の洪武帝はとんでもない暴君であった。民を苦しめたのではなく、自分を助けて明の建国に功のあった家臣達を次々に粛清つまり殺しまくったのである。それも「叛乱をたくらんだ」という無実の罪をデッチ上げ、一族もろとも皆殺しにした。なぜ、そんなことをしたのか？　それは自分の死後、跡を継ぐ皇太子朱標の身が心配だったからだ、というのだ。

日本の徳川家康は、跡継ぎとしてむしろ頼りない三男秀忠《ひでただ》を選び補佐を老中たちに託した。それが可能だったのは、代々徳川家（松平家《まつだいら》）に仕えてきた忠誠無比の「三河《みかわ》武士団」がいたからだ。だが、成り上がりの洪武帝にはそんな家来は一人もいない。はっきり言えば、あらゆる汚い手段を使って皇帝にのし上がった洪武帝朱元璋は、「お坊ちゃん」の息子が逆に標的になるのを恐れたのではないか。つまりこれが「皇太子の存在が洪武帝の晩年を狂わせた」という説の内容である。

この説は当たっていると思う。中国には『貞観政要《じょうがんせいよう》』という政治学の古典がある。唐の太宗《たいそう》皇帝（李世民《りせいみん》）と家臣たちの政治問答を記したもので、それ以降、各王朝の皇帝が参考にし日本でも徳川家康が愛読していたが、その中で最も有名な言葉は「創業は易《やす》く守成は難《かた》し」である。日本風に訳せば「天下を取ることよりも、取った天下を長く維持する方が難しい」ということだ。洪武帝の晩年はまさにそれであり、洪武帝が死んだとき多くの家臣の不満は爆発寸前だった。

明は朱子学国家である。だから長子相続制によって洪武帝の跡を継いだのは、皇太子朱標の遺児朱允炆《しゅいんぶん》だった。即位して建文帝《けんぶんてい》となった。ところがそれに不満を抱いたのが朱元璋の四男で、最も優秀だと評された朱棣《しゅてい》という男である。結論から言えば、朱棣は叛乱を起こし自分の甥《おい》にあたる建文帝を廃して皇帝として即位した。

永楽帝《えいらくてい》と呼ぶ。明朝の中で最も優秀な皇帝の一人であった。その即位に至る経緯を何故「結論から述べた」かといえば、彼が叛乱を起こしたのはその実力を恐れた建文帝が先に粛清しようとした、と伝えられているからだ。つまり先に手を出したのは建文帝で、朱棣はやむを得ず立ち上がったというのだが、歴史というものは勝者によって改変される。これは基本的にはデタラメと考えた方がいいだろう。「勝てば官軍」である。

仮に、先に手を出したのが建文帝であったとしても、朱棣は叔父《おじ》とはいえ臣下には違いないのだから、「忠」を貫くなら黙って殺されるべきなのである。少なくとも皇帝に反旗を翻してはいけない。だが朱棣はそれをやり、しかもその事実を歴史からもみ消そうとした。それに敢然と待ったをかけたのが、洪武帝のブレーン朱子学者宋濂の一番弟子だった方孝孺《ほうこうじゅ》である。

「燕賊簒位」に激怒し十族皆殺し

後に永楽帝となる朱棣は初代皇帝朱元璋の四男ではあったが、二代建文帝は嫡孫（長男の子）であるから血筋の点では遠く及ばない。そこで周辺地域の燕《えん》の藩王に任ぜられた。国王に準じる藩王はあくまで皇帝の家臣である。

しかし、燕王朱棣は父朱元璋の血を受け継いだ軍事と謀略の天才であった。建文帝にとって不幸なことは、彼の部下には優秀な軍人がいなかったことだ。朱元璋の粛清の結果であった。そのため、朱棣率いる叛乱軍によって首都南京は陥落し、炎上する宮殿の中で建文帝は「行方不明」となった。朱棣の息のかかった連中に「始末」されたのだと、私はにらんでいる。

それにしても、なぜ叛乱が成功したのか？　叛乱は「忠」に反する重大な悪徳ではないか。実は、そこが軍事と謀略の天才朱棣のうまいところで、これは皇帝に対する叛乱ではなく、皇帝の周囲にいて皇帝を欺き操っている悪臣を取り除く正義の戦いだ、と主張したのである。こうした悪臣のことを、朱子学では「君側《くんそく》の奸《かん》」と呼ぶ。

昭和の二・二六事件でも首謀者の青年将校は「君側の奸を討つ」と主張して決起している。これは昭和天皇の支持を得られなかったため叛乱になってしまったが、朱棣の行為は支持された。やはり洪武帝朱元璋の晩年の暴政への反感があったからだろう。朱棣の言い分は、君側の奸を除くために挙兵し成功したが、混乱で皇帝が「行方不明」になってしまった。皇帝を空位にしておくわけにもいかないから私（朱棣）が帝位に即《つ》く、というものであった。

何しろ「勝てば官軍」である。誰もがその言い分を認めたところで、朱棣は仕上げとして建文帝の政治顧問を務めていた朱子学者方孝孺に、自分が皇帝として発する文書を起草してほしいと依頼した。最初はあくまで下手《したて》に出て「新皇帝として認めよ」と迫ったのである。方孝儒は拒否した。叛乱を起こした罪はぜったいに許されないと断固拒否したのである。激怒した朱棣は方孝儒を処刑した。その処刑に際して、昔から次のような話が伝えられている。

「即位の詔勅を起草するよう命じられたが拒否し、「燕賊簒位」と記した。結果、十族が殺戮されたが、孝孺は節を屈せず、殺された」（『世界人名大辞典』岩波書店刊）。朱子学では正統な皇帝として認められない権力者を三つに分類している。「簒臣《さんしん》、賊后《ぞっこう》、夷狄《いてき》」で、賊后とは則天武《そくてんぶ》后《こう》のように皇后の権力を利用して皇帝になった者であり、夷狄とは異民族の征服者をさすのだが、これに対して簒臣とは家臣の身でありながら皇位を簒奪《さんだつ》（不当に奪うこと）した極悪人を意味する。したがって「燕賊簒位《えんぞくさんい》」とは「燕王朱棣は臣下の身でありながら皇位を簒奪した（極悪人である）」の意味になる。面と向かってこれを言った（書いた）ということだ。

激怒した朱棣は「十族皆殺し」にした。普通は「九族皆殺し」である。つまり方一族だけでなく友人や弟子に至るまで皆殺しにしたということで（約八〇〇人と伝わる）、しかもこの処刑を方孝孺の目の前で一人ずつ執行した。「お前が態度を改めれば処刑は中止する」ということだが、結局方孝孺は最後の一人が殺されるまで「節を屈せず」自らも処刑されたのである。

「滅十族」が語り継がれた理由

方孝孺が、永楽帝によって処刑されたのは歴史上の事実である。しかし、そのとき方孝儒を屈服させるために永楽帝が方一族だけでなく友人や弟子までもすべて処刑したという話（「滅十族」）は、伝説であると否定するのが、中国史を扱う日本人の歴史学界では常識的態度のようだ。「中国史を扱う日本人の歴史学界」とは珍妙な表現かもしれないが、私がよく使う日本歴史学界（日本人歴史学者による日本史研究の場）と区別するためである。

　たとえば、常に情報が更新されるという利点のあるインターネット上の百科事典「ウィキペディア」で方孝儒の項目を引くと、この「滅十族」については、それが「民間の野史」である『明《みん》史紀事本末《しきじほんまつ》』等にしか載っていないと指摘したうえで『明史紀事本末』という史書は元々建文帝が海外に逃亡したという伝説をそのまま書いているような歴史小説に過ぎず、資料的な信憑《しんぴょう》性は極めて低い（二〇二二年七月二四日現在の記述）」としている。しかし、「滅十族」など実際にあった可能性は低い、などと決めつければそれで終わりだと思っているところが問題だ。

　確かに、歴史学の使命として歴史的事実と伝説をきっちり分類することは必要だろう。それは認めるが、しかし事実でないことがなぜかくも熱心に後世に語り継がれたか、という点を追求するのも歴史学の重要な使命だと私は考えている。このケースに関して言えば、朱子学という宗教が厳然として確立しており、そのために方孝孺の死は「殉教者の死」としてとらえられた、ということだ。それゆえに、処刑されたという歴史的事実に多少の「演出」が加わったと考えればいい。朱子学への信仰が確立していたからこそ、多くの人がそれを事実だと信じたのだ。

さて、ここで歴史クイズをひとつ。この方孝孺の行為を最も熱烈に支持したのは、一体どんな人々だったか？「中国人の朱子学信奉者に決まっているではないか」だろうか。確かに間違いではないが、もっともっと喜んだ人々がいる。それは実はわれわれの先祖日本人なのである。日本人はすぐ歴史を忘れてしまう。もし江戸時代に「世界でもっとも偉大な学者は誰ですか」と中国人ではなく日本人に質問したら、孔子《こうし》や孟子《もうし》は「聖人」だから、学者としては方孝孺だという答えが返ってきたかもしれないのだ。

その理由を述べよう。もし方孝孺が脅迫に負けて、燕王朱棣を正統な皇帝だと認めたとしよう。そうすると明という国家もホンモノの中国になる。天に選ばれ天命を受けた人間すなわち天子が、地上に君臨して皇帝となるのが中国という国のかたちである。しかし方孝孺は認めなかった。つまり燕王朱棣は「簒臣」に過ぎず、そのニセモノの皇帝に支配されている明もホンモノの中国ではないことになる。また簒臣の子孫がいかに皇帝と名乗ろうとニセモノであり、明は終末に至るまでニセモノの中国だったことにもなる。その明を倒し清《しん》をつくったヌルハチだが、彼も異民族の征服者だから「夷狄《いてき》」であって正統な皇帝ではなく、その子孫が君臨する清も本当の中国ではないことになる。

つまり日本の方が本当の中国（＝世界最高の国）ということになるのである。

「日本こそ中国」という信仰

中国とは何か？　「天によって選ばれた天子が皇帝となって統治する人類唯一の理想の国」と定義するなら、「それは中国本土を支配する明や清ではなく日本のことだ」と、江戸時代初期から日本人は主張し始めた。

なぜなら前に述べたように、明や清は朱子学的に「ニセモノの中国」であるのに対し、日本は神の子孫である天皇家が統治し、永楽帝のような「簒臣」に国を奪われることなく、連綿と続いているからだ。問題は「神の子孫」で、朱子学は儒教の時代から「無神論」だから、中国大陸や朝鮮半島の朱子学者は天皇の権威を認めなかった。しかし、日本では神道と朱子学が合体し、「日本こそ中国（＝世界一の国）」という「信仰」が確立した。それを真っ向から主張したのが山《やま》鹿素《がそ》行《こう》の『中朝事実《ちゅうちょうじじつ》』である。

何度も述べてきたが、日本人はすぐに歴史を忘れてしまう。山鹿素行の名前も忘れられた。「忠臣蔵」の大石内蔵助《おおいしくらのすけ》の打つ陣太鼓は「山鹿流」なのだが、その軍学「山鹿流」の創始者が山鹿素行だ。しかし、山鹿素行の最大の功績は軍学の確立ではなく『中朝事実』を書いたことかもしれない。これが後に日本を大日本帝国という形で大きく育てていくことになるからだ。司馬遼《しばりょう》太郎《たろう》ファンなら、日露《にちろ》戦争の英雄、乃木《のぎ》希典《まれすけ》大将の愛読書であり、明治天皇に殉死する直前に、この本を手書きで写し「皇孫殿下」（後の昭和天皇）に献上したこともご記憶だろう。

幕末を生き抜いた日本人にとって、『中朝事実』の存在は常識だったと言っていい。仮に読んだことがなくても中身は知っていたはずで、明治になって日清《にっしん》戦争を戦うことができたのもこの本があったからだ。そうでなければ「世界一の国家」と戦えるはずもない。対照的に朝鮮国（当時）は「中国様に逆らう」ことなど夢にも考えていなかった。それを日本が「ニセモノの中国である清と戦い化けの皮をはがす」と日清戦争に勝利し、清に朝鮮国の独立を認めさせたがゆえに、大韓帝国が誕生しトップは皇帝を名乗れるようになった。朝鮮半島の歴史で初めてのことだ。

なぜ日本人は歴史をすぐ忘れるのか？　それは神道の影響で、悪いことは全部「水に流し」て、まっさらの状態で物事を始めれば何事もうまくいくと信じているからだ。確かにこの後ろを振り向かない姿勢は、大震災や大戦争による打撃からその都度日本人を立ち直らせてきた。その効果は認めるが、たまには後ろを振り返った方がいい。世界中に「後ろを振り返らない」つまり「歴史を顧みない」民族は日本以外に一つもない。

こうした歴史を知れば、中国人のエリートが腹の底で何を考えているかもわかるだろう。彼らから見れば、日本人とは最初は「色々教えてください」と下手に出ていたくせに、いつの間にか「オレとオマエは対等だ」などと態度がでかくなり、最終的には朱子学を逆手に取って「オレ達の国こそ世界最高でオマエらはニセモノだ」などとトンデモナイことを言い出した「連中」なのである。もっとも日本人として反論すれば、「問題は中国人の『自分たちだけが文明人で偉い』という姿勢にある」ということになるだろう。

しかし、歴史上最大の皮肉かもしれないのは、この「ニセモノ皇帝」永楽帝の時代に、中国は初めてホンモノの世界一の国家になったことである。

簒臣コンプレックスで宦官を重用

読者の皆さんは、近代以前の中国の栄光と言えば、まず何を思い浮かべるだろうか？

北京の紫禁城《しきんじよう》そして万里の長城ではないだろうか？　紫禁城は永楽帝が造ったものであり、北京を中国の都として固定したのも永楽帝だ。それまで中国の都は南に偏っていたが、永楽帝はむしろ万里の長城に近い北京に都を定めた。

万里の長城を造ったのは秦《しん》の始皇帝《しこうてい》だが、始皇帝時代の長城は高させいぜい三メートルの「土塀」であった。これは遊牧民族に対する「馬防柵《さく》」で、馬が飛び越えられなければいい。永楽帝は軍事の天才であったから周辺国家に遠征し領土を広げた。そのためには北に拠点があった方がいい。だから北京を首都にした。だが、草原地帯に近づけば遊牧民族に攻められやすくもなる。そこで万里の長城の強化にも乗り出した。現在残されているレンガ造りの立派な長城が完成したのはもう少し後の時代だが、こうした「堅固な長城」のきっかけを作ったのもやはり永楽帝であった。

また永楽帝は世界を見ていた。部下の鄭和《ていわ》に命じて大艦隊を組織させ、インド・アフリカ方面に派遣し朝貢《ちようこう》を求めさせた。朝貢とは以前説明したように、いわゆる中華思想では「中国（＝世界一の国家）」に対しては他に「国」は無く野蛮人の住む「地域」があるだけだが、その野蛮人の首長が中国皇帝に対して使者を送り貢ぎ物を捧《ささ》げ、あなたの家来にしてくださいと言えば、つまり「朝貢」すれば皇帝はその首長の忠義を賞賛し当該地域の「国王」に任命し、メンツにかけて貢ぎ物の何倍もの贈り物を返す、というシステムだ。つまり、「周辺地域」から見れば、頭を下げることとさえ我慢すれば「エビでタイを釣る」のが可能なわけで、鄭和はそのことをインドからアフリカにかけての沿岸諸国にメッセージとして伝えたようだ。

おそらく鄭和は「ちょっとへりくだれば莫大《ばくだい》な利益が得られるぞ。あいさつの仕方も指導しよう」などと諸国を口説きまくったに違いない。なぜならその言葉に嘘はないし、それで明への朝貢国が増えれば、鄭和の大きな手柄になる。朝貢国が増えれば増えるほど、朱子学の上では、永楽帝に大きな徳があったことになるからである。

永楽帝は方孝孺に簒臣と罵倒《ばとう》されたのを気にしていたのではないか。科挙の合格者で「朱子学の信徒」でもある官僚も、表向きは永楽帝に対し臣下として忠実に仕えてはいるが、内心では尊敬できないと思っていた可能性がある。事実、永楽帝は官僚をあまり重用せず、代わりに宦官《かんがん》を登用した。鄭和も実は宦官だ。

宦官とは去勢された男子のことで、本来は皇帝の後宮（ハレム）を管理するだけの役目だったが、そのうち政治にも口を出すようになった。秦の始皇帝が築いた大帝国が実質的に一代で滅んだのも宦官の仕業だったから、それ以降の皇帝は官僚を重んじ宦官には政治に口を出させなかった。しかし、永楽帝の時代に彼らは復権してしまった。これは後に中華帝国の「ガン」になる。やはり永楽帝には「簒臣コンプレックス」があったのだろう、豊臣秀吉も同様だったが、そういう人間は劣等感に負けまいと大きなことをやりたがる。大航海もそれだと考えればいい。

その永楽帝を世界で最も喜ばせたのは、或《あ》る日本人だったかもしれない。その男の名は足利義《あしかがよし》満《みつ》、またの名を源道義《げんどうぎ》という。

「鄭和の大航海」を実行した理由

私が『逆説の日本史』を書き始めたのは、日本歴史学界に「宗教の無視」という大きな欠陥があることに気がついたからだ。しかし、それは日本歴史学界だけの話であって、中国歴史学界ではそんなことは無いと考えていたのだが、今回そうした学者の方々の中国史を読んで実は愕然《がくぜん》としている。なぜなら「宗教の無視」が中国史の世界でも横行していたからだ。

たとえば、永楽帝の実行した最大の政策ともいえる「鄭和の大航海」について、インターネット上の百科事典「ウィキペディア」などを見ても、永楽帝がこんな前代未聞の政策を実行した理由はよくわからない、というスタンスを取っている。もっとも「こういう説もある」という形で私の説に近い見解も紹介されてはいるのだが、あまり支持はされていないようだ。

だが、その説こそ正しいのである。前の説明でおわかりのように朝貢国を増やすことは経済的には明に大ダメージを与える。この政策はやればやるほど国は赤字になる。それなのに永楽帝は鄭和をしてこの大航海を七度もやらせた。政治的経済的には決して合理的な行動ではない。

実はここが歴史を見る際のポイントである。「コツ」と言ってもいい。人間が非合理な行動に踏み切る時は、特に近代以前にそうする時は、ほとんど一〇〇パーセントといってもいいが、宗教に動かされているのである。この場合は朱子学だ。

ある意味で永楽帝は気の毒な人物で、これがヨーロッパだったら誰も永楽帝の皇帝としての正統性など問題にしなかった。しかし朱子学という宗教は極めてヒステリックで厳格である。朱子学の最高権威、方孝孺は永楽帝を決して正統な君主とは認めなかった。ここで注意すべきは、皇帝を補佐する官僚はすべて、初代洪武帝によって復活された科挙つまり朱子学の試験で選ばれていることだ。だから官僚は最高権威が「簒臣」と断定し、学者を死刑にした永楽帝に心服してはいない。そのことは、極めて優秀な永楽帝にもよくわかっただろう。だからこそ「オレがどれくらい徳があるか見せてやる」と考え、官僚ならぬ宦官の鄭和に七度の大航海を実行させ朝貢を促させたのだ。

そういう永楽帝の朱子学という宗教に基づく心情が分かっていれば、室町三代将軍足利義満が朝貢してきたことが、どんなに嬉《うれ》しいことだったかわかる。日本は聖徳太子《しょうとくたいし》の昔から「そちらが中国ならこちらは日本だ。そちらは皇帝ならこちらは天皇だ」と、中国から見れば「野蛮国のくせに対等な物言いをするケシカラン国」である。ところがその国を代表すると称する男が、「あなた様の家来にしてください」と朝貢してきたのだ。隋の皇帝にも唐の皇帝にも宋の皇帝にも日本は頭を下げなかった。元の時代には歯向かってきた。その日本が自分に対してだけは頭を下げて来たのだ。「官僚どももよく見ろ、オレ様の徳の大きさは日本からの朝貢によって証明されたぞ」ということだ。

では義満は「源道義」という中国名を名乗ってまで、なぜそんなことをしたのかといえば、天皇家の権威を超えるためである。これは日本史なので詳しくは私の『逆説の日本史7　中世王権編』（小学館刊）、『お金の日本史』（KADOKAWA刊）を見ていただきたいが、ここで注目すべきは、永楽帝は大航海政策と並行して海外貿易を禁止していたことである。

最大最強国家になるチャンスを棒に振る

永楽帝は大航海政策を通じて世界が明に朝貢するという体制を確立したが、一方では海禁政策を取り民間貿易を徹底的に取り締まった。これは経済的には大矛盾であることはおわかり頂けたろう。朝貢体制を確立すればするほど、国家の富は外国へ流れ中国経済はジリ貧になる。通常の貿易ならば優れた中国製品（たとえば陶磁器や絹）を海外は欲しているので、その代金は明に入って多大な利益をもたらすはずである。ところが、通常貿易をやってはダメだというのだから、こんなおかしな話は無い。

そこでお手元に日本人の書いた中国史の本があったら、明はなぜ海禁をしたのか、何と説明しているか調べてごらんになるといい。私に言わせれば一番肝心なことが書いてない。

読者の皆さんはおわかりだろう。これは朱子学という宗教の信仰によるものだ。既に述べたように、朱子学は人間を士農工商という四つの身分に分ける。その中で「商」は最低で人間のクズのやることだ。だから天命を受けた皇帝に支配される神聖なる中国では、国家が商業や貿易（これも商業）を奨励してはいけない。むしろ禁止すべきで、朝貢で外国の物産を得るのは良いが民間貿易など言語道断なのである。

海禁政策は朱子学が原因である。なぜなら当時の人々、少なくともエリート階級はすべて朱子学の信者だったのだからという感覚は、残念ながら今の日本人の中国歴史学界には皆無と言っていいだろう。この時代の中国史を書いた本の中には、方孝孺の名すら出て来ない物があった。これではダメだ。

また中国史の枠内でしか物を見ていない人間は、本当の歴史はわからない。鄭和の大航海から約九〇年後、スペインのイザベラ女王の支援を受けたクリストファー・コロンブス（コロン）が、アメリカ大陸を発見した。それを機にスペインは怒濤《どとう》のごとく中南米に進出し、貿易と植民地化で巨大な利益を上げ大海洋帝国になった。今でも中南米のほとんどの国はスペイン語を話し、スペイン系の名前を名乗る。そもそもコロンブスの最初の「船団」はたった三隻で、鄭和の「大艦隊」に比べれば大人と子供の差がある。また国土のサイズで言えば現在のスペインはほぼ日本と同じサイズだが、中国大陸は極めて大きい。

何が言いたいかおわかりだろうか。実は明はスペインより一世紀も前に世界に冠たる大海洋帝国になることが可能だった、ということだ。唐にはローマ帝国、これから出現する清にはオスマン帝国という強大なライバルがいた。しかし、明の時代は中国が一番だったから、永楽帝がスペインと同じことをやっていれば、現在の中南米がほとんどスペイン語圏であるように、今頃アフリカ諸国は中国語圏だったかもしれない。また現在の国際共通語といえばやはり英語だが、それはイギリスがスペインの後を継いで貿易立国を始め大海洋帝国となったからだ。永楽帝がもし同じことをやっていれば、今頃世界の共通語は中国語であり、習近平《しゅうきんぺい》主席も「一帯一路」など熱心に提唱する必要もなかったろう。

なぜそうしなかったのか？　理由はもちろん朱子学である。宗教を無視する人々にはこれがわからない。皮肉なことに当時世界一の国家であった明は、朱子学という「呪われた宗教」のために貿易立国が出来ず、人類最大最強の国家になるチャンスを見事に棒に振ったということである。

ヌルハチと乾隆帝

歴史学界の問題点

朱子《しゅし》学のせいで、人類最大最強の国家になるチャンスを見事に棒に振った明《みん》の永楽帝《えいらくてい》。あなたはこの歴史的事実をどう考えますか？　「バカだなあ」ですか？　ところがまったく同じ「バカ」が日本史にもいたと言ったら、あなたは驚くだろうか。それを徳川《とくがわ》幕府という。

幕末、「アメリカのペリーがやってきた、そして日本は無理やり開国させられた」と「宗教を無視」している日本の歴史学界は、あなたたちにそう教えている。本当は間違いである。まず肝心なのは、江戸時代初期に徳川家康《いえやす》が日本に朱子学を導入したため、中国ほどではないが日本も江戸時代は「朱子学国家」だったことだ。だからこそ『中朝事実《ちゅうちょうじじつ》』のような「日本こそ中国」という思想も出てきた。

実は幕末、アメリカは日本に「対等貿易をやろうぜ」ともちかけてきた。なぜなら、不平等条約など強制しなくても、貿易をやれば双方が多大な利益を上げ共存共栄できるからだ。ロシアもシベリア開発を推進するため、シベリアの南側にあり不凍港（冬になっても凍結しない港）を持つ日本と友好関係を築こうと考えていた。

だから幕末、徳川幕府はアメリカとロシア両国と友好関係を結び、おおいに貿易に励み財政を再建し、日本史上最強の政府となることもできた。軍事力についても「日米露」ならぬ「幕米露安全保障条約」締結も可能で、薩長《さつちょう》同盟など簡単に叩《たた》き潰《つぶ》せただろう。しかし、すべてのチャンスを棒に振った、永楽帝のように朱子学の信奉者だったからである。

実は幕末よりももっと早く、江戸時代中期に幕府は財政再建をするチャンスがあった。老中田沼意次《たぬまおきつぐ》が政権を担当した時だ。彼は明らかに鎖国をやめ貿易立国を目指していた。だが周りは朱子学の信奉者ばかり。「神聖なる幕府が人間のクズのやる貿易などできるか!」と叩き潰され、その直後、政権を担当した老中松平定信《まつだいらさだのぶ》は「寛政《かんせい》異学の禁」で朱子学以外の儒教も禁じた。ところが、今の歴史教科書では松平定信の農業偏重政策を「寛政の改革」と呼ぶのに、田沼意次の政治はいまだに「改革」と呼ばれていない。朱子学の信徒たちが田沼は「賄賂《わいろ》の帝王」だなどとデタラメを吹きまくり、それを真に受けた現代の歴史学界も乗せられているからだ。

乗せられているといえば、豊臣秀吉《とよとみひでよし》の「大陸進出政策」に対する評価もそれだ。秀吉は晩年少しおかしくなって、あんなバカなことをしたのだ、と歴史学者は言う。そうではない。それは豊臣政権を滅ぼした徳川幕府が、自分たちの行動を正当化するために考えたデタラメだ。

少し考えれば分かることで、目の前に東南アジア世界という貿易をすればいくらでも超大国になれる海が広がっている。当時日本に来ていたスペイン人やポルトガル人たちも、そうやって母国を大海洋帝国とした。にもかかわらず明はその道に行こうとしない。だったら「なんてもったいない、オレがやってやる」と考えるのが普通である。もちろん侵略はよくないことだが、近代以前の話で、元《げん》の時は日本が侵略を受けている。やり返して何が悪い、ということだ。

明は結局「北虜南倭《ほくりよなんわ》」によって滅んだ。「北の遊牧民、南の海賊」という意味だが、この「南倭」のトップこそ秀吉であった。では北虜のトップは誰か？　それがヌルハチなのである。

満洲の愛新覚羅

ヌルハチは中国から「女真族《じよしん》」と呼ばれた遊牧民の出身である。例によって「女」という漢字は「中国親分の悪い癖」だ。「邪《や》」馬台《またい》国と同じで中国人は発音は尊重するが「悪字」を使う。中国は男尊女卑の国だから、「女」という字は「一段劣るもの」という意味になる。だが文化的にはともかく、軍事的には女真族は中国人より優れていた。徽宗《きそう》皇帝の時代の宋《そう》を滅ぼしたのも彼らで、その時の国号は金《きん》といった。その時代は万里の長城の内側の北半分、つまり「華北」を支配していたが、長城の向こうから来たモンゴル（元）に一度は追い払われた。だから女真族にとっては、再び長城を越えて「中華の地」を支配するのが長年の夢であった。

その夢を一部かなえたのがヌルハチなのである。一部というのは、後にヌルハチは明を滅ぼして新しい中国となった清《しん》の「初代皇帝」とされたが、実は彼の時代にはまだ清ではなく後金《こうきん》であり、「中華の地」を支配していたわけでもなかった。ただ、金が元に滅ぼされた後バラバラになってしまった女真族を、優れた統率力によってまとめ上げたのがヌルハチであった。だから後金という国も出来た。

またヌルハチは、われわれの先祖が国を表す字を「倭《わ》」から「和」へ改めたように、「女真」

という言葉を嫌って自らの民族を「満洲《マンジュ》」と呼んでいた。対外的な国号は後金だが、「マンジュ・グルン」(manju gurun、満洲国)という言い方もすでにあった。われわれの祖先が対外的には日本という国号を名乗ったものの、国内では大和朝廷《やまと》とか大和民族と言っていたのと同じことだろう。

「満洲」の由来は異説もあるが、知恵をつかさどる文殊菩薩《もんじゅぼさつ》(マンジュシリー)信仰に基づくものらしい。なお現在では「満州」という略字を用いるが、これはやはり「満洲」が正しい。なぜなら例の五行説によって、宋を象徴する元素が「火」であったように、彼らの元素は「水」とされたからである。だから、最初は漢字表記ではなかった「マンジュ」に漢字をあてる時、「水」を象徴するサンズイのついている「満」と「洲」が選ばれ、ヌルハチの後継者となった息子ホンタイジが中国皇帝を名乗り、国号を中国にふさわしいものにしたとき、やはり「清」というサンズイのある文字をえらんだのである。

ちなみにヌルハチやホンタイジはいわゆるファーストネームで、彼らには姓がある。アイシンギャロという。のちにこれは「愛新覚羅」と漢字表記されるようになり、我々日本人はこれを「あいしんかくら」と読み「満洲」は「まんしゅう」と呼ぶようになった。

満洲は地域としては現在の中華人民共和国の遼寧《りょうねい》省・吉林《きつりん》省・黒竜江《こくりゅうこう》省の三省(東北三省)にあたるが、古くから係争の地で、高句麗《こうくり》が支配した時代もある。その後、渤海《ぼっかい》、ついで金という中国の支配を受けない国がこの地域を支配した。そして一七世紀初頭ヌルハチがこの地に後金を建国し、中華の地への侵攻拠点としたわけだ。ちなみにヌルハチは徳川家康とほぼ同時代人だが、彼の生涯は後金を建国したところで終わった。次はどうやって万里の長城を越えるか、である。すんなりとはいかなかった。前に述べたように、万里の長城は明の時代、特に強化されたからである。文字通りの難関があった。山海関《さんかいかん》という。

「山海関突破」を成し遂げた清軍

山海関は万里の長城の東端にあった関門で、満洲方面から「中華の地」に侵攻するには必ず突破すべき「難関」であった。特に明の時代に整備強化され、約八万人の守備兵が配置され最新鋭の大砲も装備されており、軍事の天才ヌルハチが大軍で攻めてもビクともしなかった。

実は明を直接滅ぼしたのは「北虜南倭」つまりヌルハチでも豊臣秀吉でもない、農民出身の漢民族、李自成《りじせい》であった。きっかけは一六二七年に起こった大旱魃《かんばつ》である。保水力が高く水資源が豊富な日本列島は水害に悩まされても旱魃は滅多にないが、中国でもアフリカでも大陸では珍しくないのが旱魃である。作物が大打撃を受け食料不足となり、特に庶民は飢えに苦しむ。それをなんとか食わせて切り抜けるのが皇帝の仕事なのだが、明にはその余裕がなかった。

それはまさに「北虜南倭」のせいで、まず秀吉が明にとっては「子分」である朝鮮国に侵攻したので、「親分」として明は日本と戦う必要に迫られた。「中国としてのメンツ」を保つためと言っていい。当時の日本軍はおそらく鉄砲装備率世界最高で精強な軍隊だったが、明も大砲を中心とした火力で何とか日本軍を撃退した。しかし、膨大な戦費を使わざるを得なかった。もちろんその中には大量の食料も含まれている。

その間、得をしたのはヌルハチで、女真族統一戦に専念できた。「専念」というのは、チンギス・ハーンのモンゴル族統一以来、漢民族の王朝は遊牧民が一つにまとまらないよう様々な介入を行っていたのだが、この時は秀吉対策で手一杯でヌルハチまで手が回らなかった。そして、やっとの思いで秀吉を撃退したら、今度は女真族をまとめたヌルハチが山海関に攻めてきた。この「難関」は呉三桂《ごさんけい》という名将が守っていたこともあり、ヌルハチはついに突破できなかったが、この戦いは籠城《ろうじょう》戦であるがゆえに大量の食料の備蓄が必要とされた。そこへ大旱魃である。当然餓《う》えた民を救う余裕はない。

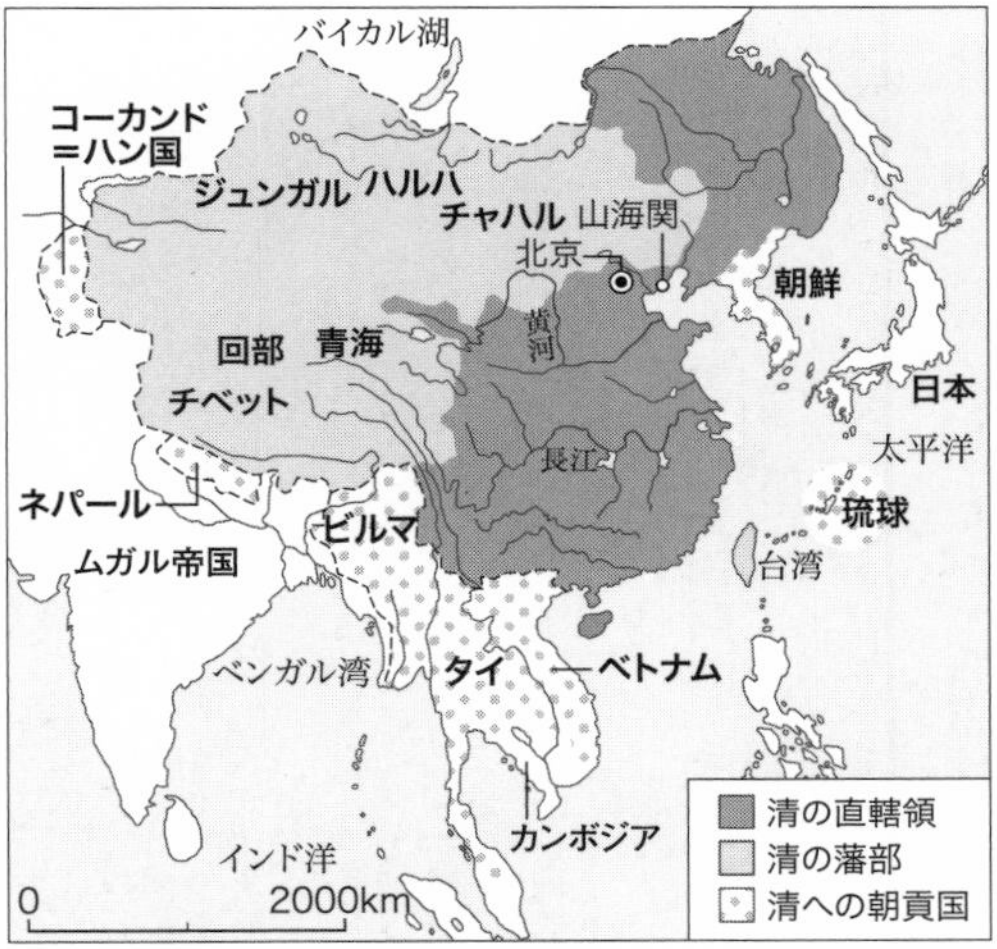

清代の中国

飢餓こそ「革命」の引き金になることは既に述べた通りだ。ちょうど元を滅ぼし明を建てた朱元璋《しゅげんしょう》のように、李自成は餓えた農民で結成された叛乱軍の中で頭角をあらわし、リーダーとなった。そして主要都市を次々に陥落させ、ついに一六四四年、北京《ペキン》を手中に収め最後の皇帝を自殺に追い込み、明を滅ぼした。そして新皇帝を名乗った李自成は国号を「順《じゅん》」とし、山海関の守将、呉三桂に降伏を促す使者を送った。

ここで呉三桂は李自成ではなく「清」に降伏した。ヌルハチの後継者ホンタイジは「中華の地」を制圧することを予定し、既に国号を「後金」から「清」、民族名は「女真」から「満洲」に正式に改めていたが、この前年に病没していた。跡継ぎはわずか六歳の息子フリン（後に順治《じゅんち》帝《てい》と呼ばれる）だったため、叔父《おじ》（ヌルハチの子）にあたるドルゴンが摂政として清を仕切っていた。

なぜ呉三桂が同族の李自成に従わず異民族に降伏したのか。「成り上がりの反逆者」には頭を下げたくなかったのかもしれない。結果的に清軍はヌルハチ以来の悲願「山海関突破」を成し遂げ、怒濤《どとう》の如く北京にせまり、あわてて逃げ出した李自成は翌年逃亡先で殺された。

朱子学に拘り滅亡した明国

こうして順も滅び清が新しい中国となったが、お気付きだろうか？　朱子学に拘《こだわ》らなければ明は滅びずにすんだことを。

朱子学に拘らないと何ができるか？　まず大々的に貿易ができる。貿易は莫大《ばくだい》な富をもたらす。だからスペイン、ポルトガル後にはイギリスといった国土面積も人口も中国とは比べものにならない小国が、世界の大帝国になった。中国製品は優秀である。火薬も当時品質最高なものは明国製であろう。だが生産量は少なかった、原料の硫黄《いおう》は中国大陸では極めて入手困難だったからである。しかし、日本はそこら中に硫黄がある。つまり日本から原材料の硫黄を輸入して火薬を大量生産することもできた。日本は日本で、貨幣経済を確立するため中国の銅銭を欲しているので、貿易はいくらでも拡大可能である。それは莫大な富を明にもたらしたはずであった。

そもそも、北虜南倭のうち南倭とは「南から来る倭寇《わこう》」の意味で、「倭寇」とは本来は日本人海賊の意味だったが、明時代の倭寇は九割が中国人であった。理由は簡単で、中国は民間貿易を禁止していたからだ。つまり世界中どこの国でも「真っ当な商売人」であるはずの貿易商が、当時の明国では犯罪者になってしまう。だから彼らは「オレは日本人だ」と叫んだのである。

団塊の世代は、日本に鉄砲を伝来させたのはポルトガル人だと教えられたはずだ。確かに、鉄砲の使い方や火薬の調合方法を九州種子島《たねがしま》の日本人に伝えたのはポルトガル人だが、彼らの乗っていた船は偽倭《ぎわ》（日本人を名乗る明国人海賊）の船だった。あの砂浜に漢文を書いて日本人と意思疎通をした明国人こそ、実は王直《おうちょく》という偽倭のビッグボスで五峯《ごほう》と号していた。日本の五島《ごとう》列島に本拠を置いていたからだ。つまりあれは漂着ではなく、日本は戦国時代だということを知っていた王直が、日本に鉄砲を売り込みに来たということだ。鉄砲は火薬がなければ使えないが、日本、特に九州は豊富に硫黄を産出する。要するに王直は、新しい貿易ルートを開拓しに来たわけだ。

この後スペイン船、ポルトガル船は盛んに九州の地に来航するようになる。九州の大名が競ってキリスト教に入信したのも、ひとつは火薬の原料で当時の技術では国産できなかった硝石（硝酸カリウム）が欲しかったからである。また後に台湾を拠点とし、明王朝復興を掲げて清と戦った鄭成功《ていせいこう》は母親が日本人だが、それは父の鄭芝龍《しりゅう》がやはり偽倭のビッグボスで、長崎県の平戸《ひらど》を本拠地にしていたからだ。

朱子学では「中国」と「外国」の対等な関係を認めない。だから王直や鄭芝龍だけでなく、一国の主《あるじ》である豊臣秀吉までが「南倭」にされてしまう。しかし、もし朱子学にこだわらず対等貿易を認めていれば、「南倭」がもたらした莫大な損失（王直は沿岸都市から略奪を繰り返していた）はすべてプラスに転嫁される。貿易の利益だけでなく、彼らから税金を取るという手もあった。秀吉だって対等な貿易ができるなら、軍事行動には出なかったはずだ。逆に「朝貢」にこだわれば、完全な輸出超過になって財政は破綻《はたん》する。このプラスマイナスは限りなく大きい。

つまり朱子学に邪魔されなければ、明は遊牧民の満洲族など逆立ちしてもかなわない巨大な経済力、それに裏打ちされた軍事力を生みだしていたはずなのである。

「朱子学に拘らなければ滅亡しなかった」とはそういう意味だ。

中華文明に取り込まれる満洲人

さて、本書を読んでいるあなたは日本人だろうか、それとも日本語が読める外国人だろうか？明という「中国」は朱子学にこだわりすぎて滅んだと述べた。それについて、あなた自身はどう思ったか、ぜひ感想を聞きたい。正直な感想は「気の毒に」だろうか、それとも「ざまあみろ」だろうか。中国に対する好き嫌いも大いに関係すると思うが、歴史家として指摘しておきたいことは「ざまあみろ」と思った人は、むしろ朱子学に感謝しなければいけない（笑）ということだ。もしあなたが日本人として生きることに誇りを持っているなら、なおさらそうだ。

もし明が朱子学の悪影響から脱却し、普通の考え方をする国家になっていたら、もっとわかりやすく言えばスペインやポルトガルのように大海洋帝国の道に踏み込んでいたら、ただでさえ巨大な「中国」は、世界に冠たる人類最大最強の国家になっていた可能性が高い。となると、ひょっとしたら日本も独立を奪われ「中国の日本省」になっていたかもしれないのだ。だからそんな事態はまっぴら御免だと思う人は、朱子学に感謝しなければいけない。これが歴史の面白いところだ。

中華文明の同化力は極めて強力だ。たとえば、のちに清の初代皇帝とされたヌルハチこと本名アイシンギャロ・ヌルハチは、名前も漢字ではなく満文（満洲文字）による表記だった。ところがその清朝最後の皇帝は愛新覚羅溥儀《ふぎ》と名前を漢字で書くようになった。中華文明に「同化」されてしまったのである。

もちろん「中華の地」を支配しながら最後まで同化されなかった民族もいる。モンゴル人だ。日本の大相撲で横綱朝青龍《あさしょうりゅう》として活躍した力士の本名は、ドルゴルスレンギーン・ダグワドルジであり、表記もモンゴル文字で書くのが正式だ。確か朝青龍もそうだったと思うが、モンゴル人は中華の地を支配した後も遊牧民としての伝統を守り続けた。フビライ・ハーンは大都《だいと》（北京）とモンゴル高原を季節的に往復していた。遊牧民の魂を抱き続けるためである。逆に言えば、それぐらいしないと取り込まれてしまうということだ。

努力の甲斐《かい》あってモンゴル人は中華文明に同化されず、元朝においては科挙もほとんど挙行されず、逆に貿易は盛んになった。その結果、漢民族の知識人が儒教でなく芸術に走り元曲が栄えたことは既に述べた。

そういうモンゴル人と対照的な道を行ったのが満洲人だった。時代を経るにしたがって、彼らはどんどん中華文明に取り込まれていった。確かに、満洲文化が中華文明に影響を与えた部分もあった。満洲人独特の髪型「弁髪《べんぱつ》」と「胡服《こふく》」が彼らによって漢民族に強制された。この風俗はカブトをかぶり馬に乗って戦う遊牧民特有のものだ。弁髪は髪のほとんどを剃《そ》り落とすので、カブトを長時間かぶっても蒸れない。また胡服は必ず下は「ズボン」なので馬に乗りやすくなる。つまり、もともとは戦闘服なのだが、これが現代の中国服の原型にもなっている。しかし文化的な側面では満洲人は民族の伝統を失い、漢民族の文化に同化されていった。元と違い清の皇帝は漢字表記が当たり前になり、むしろ中華文明の守護者を自任するようになった。

そうした中で最も力のあった皇帝を乾隆帝《けんりゅうてい》という。

文化事業と交易に励む

乾隆帝（在位一七三五〜九五年）は、清の第六代皇帝だが、祖父である第四代の康熙帝《こうきてい》と、「康熙乾隆」などと並び称される清朝全盛期の皇帝である。

乾隆帝は特に周辺地域の征服、つまり外征に意欲を注いだ。台湾、ビルマ（現ミャンマー）、ベトナム、タイ、ラオスなど東南アジアの周辺地域を服属させ、北西の草原地帯にあった「最後の遊牧帝国」ジュンガルを滅ぼし、チベットへの影響力を強化した。これで「中国」は「領土」を最大限に広げたとされる。乾隆帝はこれを生涯の誇りとし、自ら「十全老人」と称した。「一〇回の外征を全《まっと》うした男」という意味だ。

文化事業にも熱心だった。全国に散らばって保管されていた重要な古典や書物を中央に集め、多くの学者に厳密な校訂をさせ、全部の書物の手書きの写本を七部ずつ作らせた。それを「経、史、子、集」の四部門（四庫）に分け、全国七カ所の保管所に保管させた。これを「四庫全書《しこぜんしょ》」と呼び、中国史上最大の文化事業だとも言われる。ちなみに四分野の「経《けい》は儒教、朱子学の古典」「史は歴史書」「子《し》は老子《ろうし》、韓非子《かんぴし》など諸子百家」「集は詩や文芸作品」を指す。また七カ所も保管所を作ったのは先見の明があったといえよう。その後四カ所までが戦火で焼失したからだ。

同じ遊牧民の王朝の元が軽視した科挙も、清では大々的に復活した。漢民族の建てた宋や明と同じく、科挙で選ばれた官僚が皇帝を補佐する体制が確立し、朱子学が宮廷を「支配」することになった。ただ明は朱子学を重んじる余り、海禁（民間貿易の禁止）という愚かな政策を実施し国力を低下させたが、清はこの失敗に学びそういう政策は取らなかった。もちろん、建前としては外国製品の入手は朝貢に限るとしていたが、実際には「輸出」が大量の「外貨」を獲得していた。

景徳鎮《けいとくちん》で作られた磁器はヨーロッパの王族にも愛された。いまでも英語でChinaと書けば中国という意味だが、chinaと頭を小文字にすれば磁器を意味する。しかしボーンチャイナと呼ばれる乳白色の磁器は実はイギリス製で、なんとか清と同じ白い磁器を作ろうとしたイギリス人が、牛の骨（ボーン）の灰を陶土に混ぜて作り出したのが由来である。

前にも述べたと思うが、ヨーロッパで中国のことをChinaと言うのは、最初の「中国」が秦《しん》（Ch'in）でありローマ帝国がこれをChina（シーナ）と呼んだからである。それを中国人が逆輸入して「支那《しな》」という字を当てたのだから、支那は差別語ではない。「邪」馬台国や「卑《ひ》」弥呼《みこ》、あるいは「蒙古《もうこ》」などとは違うのだ。他ならぬ中国人自身がそうしたのだから当然だろう。

ところで、ボーンチャイナのような試みがされるのは、イギリスが清に多額の輸入代金を払っていたということである。お茶もそうだった。紅茶と緑茶は別のものでは無い。緑茶を発酵させたのが紅茶だが、日本と違って飲み水がすべて硬水のイギリスでは紅茶の方が美味《おい》しく飲める。だからイギリス人は清の茶を欲し、さらに世界最高品質を誇る清の絹も求めた。イギリスから膨大な輸入代金が清に流れていたということだ。

ところで乾隆帝はなぜこんなに文化事業に熱心だったのか?

漢民族に対する劣等感があったためではないか、と私はにらんでいる。

四庫全書の「ウラの目的」

乾隆帝の実行した中国史上最大の文化事業「四庫全書」には、古典の完全な保存という表向きの目的の他に、実は大きなウラがあったという説がある。そのもう一つの目的は、秦の始皇帝《しこうてい》による焚書坑儒《ふんしょこうじゅ》のような言論弾圧、思想統制ではなかったか、というのだ。

確かに、全国から書物を集め学者にすべてチェックさせるのだから、その過程で「反清朝」「反満洲族」を目的とする書物はすべて洗い出せる。清でも官学であった朱子学が正統な皇帝と認めない「三種」、つまり「簒臣《さんしん》・賊后《ぞくこう》・夷狄《いてき》」のうち、清の初代とされたヌルハチは明らかに「夷狄」つまり異民族の征服者である。清の歴代皇帝は科挙を採用するなど自らの「漢民族化」を進めたが、やはり「あいつらは異民族だ」という圧倒的多数を占める漢民族からの侮蔑《ぶべつ》感情はあった。それを根絶するためもあって、乾隆帝は「四庫全書」事業を始めた。つまり漢民族への劣等感がその根底にあったのだ。

また「康熙乾隆」と並び称される乾隆の祖父の康熙帝には、「聖祖」という称号が贈られている。「聖」という文字はいわゆる聖人に使われるもので、漢《かん》にも唐《とう》にも宋にも元にもこの文字を贈られた皇帝はいない。本人が生前強く希望したということだろう。これも劣等感のなせる業ではないか。

康熙帝は、山海関の守将で清に投降してきた呉三桂が叛乱を起こしたのを鎮圧し、六〇年の長きにわたって在位し、清の支配体制を確立したという功績がある。ところがその陰で、清の追及を逃れていた明皇室の生き残りを捕らえ、無惨に処刑している。この人物は当時七五歳（いまなら九〇歳以上にあたる）の老人で清に逆らう気はまったく無かったのだが、康熙帝は叛乱の罪で老人を凌遅《りょうち》の刑に処した。凌遅とは人類史上最も残虐な処刑方法で、生きている人間の肉体を死なないように少しずつ切り刻み、最後の最後まで激痛を与えて死に至らしめるものだ。

そして康熙帝は孫の乾隆帝にも引き継がれた「文字の獄《もんじのごく》」も始めた。日本でも田中一郎という人物を「一郎」と呼び捨てにするのは失礼だが、中国ではこれが徹底していて、皇帝の実名（これを諱《いみな》という）に使われている漢字は、たとえ公文書でも使ってはいけないというルールがあった。康熙帝の名は愛新覚羅玄燁《げんよう》だが、清の時代はこの諱の「玄燁」という漢字は両方とも使用禁止であった。しかし、文章によってはどうしてもこの文字を使わねばならない時もある。そういう時に行われたのが「欠画《けつかく》」という便法で、漢字の最後の一画を省略して「玄」なら「玄」に

「しない」という形にするものだ。

これは清だけでなくそれ以前から行われていたのだが、「康熙乾隆」の時代に厳しい取り締まりが行われたので特に「文字の獄」と呼ぶ。たとえば明を褒めるようにも解釈できる書物はすべて焼却され、そうした論調の学者は処刑された。まさに第二次「焚書坑儒」で、あの整然とした「四庫全書」には、目には見えないが「清朝政府検閲済」という巨大なハンコが押されているということだ。

そして古典的な「中国」は清朝をもって終わるが、その滅亡の最大原因となったのも明朝と同じく「呪われた哲学」朱子学であった。

西太后と康有為

ロシアと「対等条約」を結べた時代

近代以前の中国が最も強かったのはいつの時代か？

それはやはり康熙《こうき》・乾隆帝《けんりゅうてい》の時代だろう。康熙帝の時代に清《しん》はピョートル大帝（ピョートル・アレクセーエヴィチ・ロマノフ）の率いるロシア帝国と戦い、ネルチンスク条約（一六八九年）を結んでいる。この条約は清とロシアの国境を決めたもので、中国が初めて結んだヨーロッパとの「対等条約」なのだが、ポイントは対等というところにある。つまり不平等条約ではないのだ。後に清はイギリスとのアヘン戦争（一八四〇～四二年）やアロー戦争（一八五六年）に惨敗し、不平等条約を押し付けられ領土まで実質的に奪われている。なぜそうなったかと言えば、いわゆる欧米列強にまったく勝てなくなったからである。

ところが康熙・乾隆帝の時代は、まだロシア軍と互角の戦いをすることができた。だからこそ対等な条約を結ぶことができたのである。では、このネルチンスク条約からアヘン戦争の屈辱的な敗北まで約一五〇年の間に何が変わったのか？　産業革命が起こり欧米の軍備が近代化された。その中核は蒸気機関の発明実用化で、これによって欧米列強は地上は蒸気機関車、海洋は蒸気船を運用できるようになり、特にイギリスは貿易立国を目指し、スペインなどに比べてはるかに短い期間で大海洋帝国になることができた。

大航海時代のスペイン船は帆船だった。風に逆らってはそれほど進めないし積載量も限られる。馬力もないから巨大な大砲も多数の兵士も積めない。しかし蒸気船の発明によってこれらがすべて可能になった。それまで不可能だった洋上からの艦砲射撃で、地上の堅固な要塞《ようさい》を破壊できるようにもなった。この蒸気船のことを日本人は黒船と呼んだわけだが、では清はどうすればアヘン戦争の屈辱的な敗北を免れることができたのか？　話は簡単で西洋に学べばいい。西洋の進んだ技術を取り入れて近代化を行えば、もともと豊かで人口も多い清が負けるはずがない。

ところが清はその当たり前のことができなかった。本書の愛読者はその理由がわかるだろう。朱子《しゅし》学である。朱子学はそもそも外国の文化など認めない。外国は「中華」と比べて劣っているに決まっている。だから学ぶ必要などない。そして近代化についてはもう一つ大きな障害があった。「祖法は変えてはならない」という固い信念だ。「祖法」とは先祖の決めた法（ルール）で、朱子学の世界ではそれをみだりに変えることは絶対に許されない。なぜならば朱子学では親に対する「孝」が絶対だから、「親の親」である先祖の決めたルールを変えることは「親のやったことを過ちとして批判する行為」になり、子として「孝」の道に反する、という考え方になる。

実は日本も江戸時代は朱子学体制だったわけだが、アヘン戦争の後にオランダ国王が日本に対して早く開国して近代化した方がいいと忠告してくれたことがある。ところが幕府はケンもホロロに断った。その理由も「祖法」なのである。朱子の項でも述べた通り、それは老中の答弁書に明記してある（『コミック版　逆説の日本史　江戸大改革編』〈小学館刊〉に全文引用）。しかし、日本はその後なんとか西洋近代化を達成した。もちろん清でもそうしようとした。

アヘン戦争がまかり通った理由

一八四〇年、イギリスと清が戦ったアヘン戦争は、当時の良心的なイギリス人が「我が国の歴史において最も恥知らずな戦争！」と嘆くほどひどいものだった。

清の魅力的な商品（茶、絹、磁器など）に膨大なカネをつぎ込んでいたイギリスは、輸入超過を解消するために極めて悪辣《あくらつ》な手段を思いついた。既に武力で植民地化したインドの人々を酷使して低コストでアヘンを生産し、清に売りつけることによって赤字を解消することにしたのだ。今はアヘンを精製したヘロインが麻薬の代名詞だが、その原材料であるアヘンも麻薬には違いない。犯罪組織ではないはずの国家が、それを別の国に売りつけるなどトンデモナイ話だ。だがイギリスはそれをやった。

麻薬には習慣性がある。だから飛ぶように売れて貿易赤字もあっという間に解消された。そこに至ってようやく清も事の重大性に気付き、林則徐《りんそくじょ》という高官を派遣し、関係者を処罰してアヘンを没収し焼き捨てた。どこの国の政府でもやるはずの当然のことをしたのだが、イギリスはこれを自国の財産権に対する不当な行為だと激しく抗議した。当然清朝政府は取り合わない。そこでイギリスは戦争を仕掛けて清に言うことを聞かせたばかりか、最終的には香港《ホンコン》まで奪い取った。なぜ、そんな不正義がまかり通ったのか？　イギリスは既に民主国家で議会の承認が無ければ戦争はできない。しかし、この犯罪の当事者であるイギリスの東インド会社などは、国内に正確な情報が伝わらないように妨害していた。一般市民には、他国と対等貿易しない清が自由貿易を侵害したと伝えられ、多くの国民は頑迷な清を「開国」させるには軍事力を用いるしかないと思うようになった。少なくとも清が対等貿易を認めない国であることは事実だから、完全に騙《だま》されていたというわけではない。「軍事力でこらしめるしかない」と考えた市民も大勢いたのである。また、戦争推進派の議会工作、もっとわかりやすく言えば、推測ではあるが議員の買収も相当あったに違いない。

とにかく、イギリス議会は戦争を承認した。清国海軍はジャンクつまり木造帆船だけだが、イギリス艦隊は最新鋭の蒸気船で砲撃力も高い。イギリス海軍に清国海軍はあっという間に撃滅された。この情報は海を越えて日本に伝えられ、紆余《うよ》曲折はあったが日本は「西洋近代化しなければ欧米列強の植民地にされる」という危機感のもと国民が一致団結して明治維新を成し遂げた。

しかし、清はそうしなかった。イギリス海軍にまったく歯が立たないのを目の当たりにしながら、決して「敵に学ぶ」ことは考えなかった。朱子学である。「中華」は世界一優れているし、「祖法は絶対に変えられない」からだ。「バカだな！」ですか？　その通りなのだが、これが宗教の恐ろしさだ。何度も述べた通り、日本でも朱子学信者の島津《しまづ》久光《ひさみつ》は薩英《さつえい》戦争の時に、日本刀と火縄銃でイギリス艦隊に勝てると思っていたことを、どうぞお忘れなくと言っておこう。ましてや清は「オール久光」の国家だ。

だが、その久光が薩英戦争に惨敗した後、しぶしぶ西洋兵器の採用を認めたように、清も兵器は西洋製を使うしかないか、と考え始めた。しかし「敵に学ぶ」のはプライドが許さない。そこで彼らが考えたのが「兵器をカネで買えばいい」という発想だった。洋務運動という。

若き皇帝が支持した中国の近代化

日本は明治維新（一八六八年）を経て大日本帝国という近代国家になった。しかし、そのリーダーたちは清の現状に苛立《いらだ》っていた。彼らはこの期に及んでも根本的な改革、つまり西洋近代化を進めようとはしなかったし、それどころかその道に進んだ日本をバカにした。なぜかおわかりだろう。西洋には「文化」などないと信じているからである。

こういう言い方を誇張が過ぎると思う人がまだいるのだろうか。これは誇張ではなく真実である。この後、キリスト教徒でもある革命家、孫文《そんぶん》は中国を改革しようとするのだが、保守勢力は孫文を「知識人」とは認めなかった。もちろん孫文は英語に堪能《たんのう》で政治学や経済学それに科学の知識もある。しかし朱子学は幼少期に初歩を学んだだけだから、保守勢力は孫文を「無学の人」とした。朱子学体制というのはそういうものなのである。

そして、清以上に朱子学に毒されていた当時の朝鮮国も、少なくとも保守派は日本をバカにするようになった。当時の日本は欧米列強の侵略を排除する手段を探していた。勝海舟《かつかいしゅう》は日本、清、朝鮮の三国がタッグを組めばいいと主張したが、それは実現しなかった。朱子学に邪魔されたからである。そこで日本はせめて朝鮮国に近代化してほしいと願ったが、朱子学に毒された頑迷な朝鮮国はその方向に行こうとしない。そこで日本は清と戦争してでも朝鮮の独立をまず確保すべきだと考えた。その上で日本の陣営に引き入れようとしたのである。

日清《にっしん》戦争（一八九四～九五年）はこうして起こった。清は大国だから外国から軍艦を買い北洋《ほくよう》艦隊という大艦隊を持った。日本も軍艦は外国から買ったが、その運用や補修や整備等はすべて日本人がやった。この頃になると、近代化教育を受けた日本人が社会のあらゆる分野で活動を始めていた。こうした日本が作った連合艦隊と清がカネでそろえた北洋艦隊の違いをわかりやすく言えば、日本は最下級の水兵でも洋服を着て自分の艦がどういう仕組みで動くのか理解していたが、清では上級士官に至るまですべて中国服で、下へ行けば行くほど、この「便利なカラクリ」がなぜ動くのかを理解していなかった。その連合艦隊と北洋艦隊の決戦は日本が圧勝した。

心の底からバカにしきっていた日本に惨敗することによって、清はようやく「便利なカラクリ」をカネで買う「洋務運動」ではダメだと悟った。そんな清国人の官僚に康有為《こうゆうい》（一八五八～一九二七年）という男がいた。彼はもはや「祖法」にこだわっているべきではない、日本を見習ってでも体制を改革し、近代化を成し遂げねば清は滅びると考えた。そこで行動を開始した。変《へん》法自強《ぼうじきょう》運動という。幸いにも若き皇帝の光緒帝《こうちょてい》はこの運動を支持した。このまま進めば、清は不充分ながらも近代国家として再生できたかもしれない。とにかく誰かが必ずやらねばならぬ改革であった。だから皇帝ですら支持したのである。

にもかかわらずこの改革は徹底的に叩《たた》き潰《つぶ》された。「徹底的」というのも誇張では無い。皇帝は実権を奪われ、運動に関わった主な人間は死刑に処せられ、生命の危険を感じた康有為は日本に亡命せざるを得なかった。その改革を叩き潰した張本人は皇帝の伯母《おば》でもある西太后《せいたいこう》であった。

そんなことをした理由？　もちろんそんな改革は「祖法に反する」からである。

最低最悪の「君主」は西太后

近代以前の中国で最低最悪の君主は誰だろうか？

古くは「酒池肉林」の殷《いん》の紂王《ちゅうおう》あたりの名も浮かぶが、彼の時代まだ中国は一つの国に統一されていない。それを統一した秦《しん》の始皇帝《しこうてい》は確かに暴君の一面はあったが、「中国」の原型を作った偉大な政治家でもある。近代以前の朱子学者に同じ質問をすれば、則天武后《そくてんぶこう》（武則天《ぶそくてん》）だという答えが返ってくるかもしれないが、それは朱子学の根深い男女差別に基づくもので、武則天は皇帝としては極めて優秀だった。

となると、宋《そう》を滅亡に導いた徽宗《きそう》皇帝だろうか？　確かに徽宗は政治家としては最悪で、靖康《せいこう》の変という国難を招き、中国人全体に降りかかる「朱子学という呪い」を実現するきっかけを作った。しかし最終的にそれを作ったのは朱子だし、徽宗自身は芸術家であり画家としては超一流であった。もちろん、いくら芸術家として優秀でも政治の失点を補うことはできないが、それにしても一個人としてトータルで評価するなら、少なくとも最低最悪とは言えない。

私は最低最悪の君主はこの清の西太后である、と考える。言うまでもなく、女だからでは無い。彼女は確かに最低の人格者であったが、それ以上に最悪の君主でもあった。西太后はあくまで「太后」であり皇帝でないから君主とは言えない、という反論があるかもしれない。しかしこの時代の皇帝はすべて西太后の操り人形であった。どうして、そんなことになったのか？

頤和園 仏香閣（フォトライブラリー）

西太后というのは固有名詞ではない。清の帝室には皇后（定員一名）が一人いて、皇帝が代替わりすれば皇太后と通常は呼ばれるが、この時代は正皇后に対し、次期皇帝となった男子の生母がいたので、区別するために前者を東太后《とうたいこう》、後者を西太后《せいたいこう》と呼んだ。もちろん東太后の方が格上なのだが、西太后（本名は葉赫那拉蘭児《えほならランじ》）は第一〇代同治帝《どうちてい》の生母であるという強みがあり、病弱だった同治帝が若くして死ぬと、自分が思いのままに国を動かすために、周囲の反対を押し切って自分の幼い甥《おい》を皇位に即《つ》けた。これが第一一代光緒帝である。

この間、西太后の功績は何もない。その後、前に述べたような事情によって日本と清は戦争に突入した。日本は天皇から一庶民に至るまで、この戦争に勝つために力を尽くした。しかし、西太后にとっては国家の大事より自分の贅沢《ぜいたく》の方が大切である。北京には紫禁城とは別の壮大な離宮があった。ここが気に入り住居と定めた西太后は、国家の海軍予算から膨大なカネを引き出して整備させた。頤和園《いわえん》という。そのため日本の連合艦隊と対決した清の北洋艦隊は、艦艇の規模では勝っていたが弾薬不足に悩まされ敗れた。日本が勝てたのは西太后の「おかげ」でもある。

ちなみに日本の明治天皇はこのとき、皇室予算を削り海軍に回した。「月とスッポン」とはこのことだろう。そしてバカにしきっていた日本に負けたことによって、さすがの清も日本に学び西欧近代化を成し遂げようという気になった。そしてこの頃、幼児から青年へと成長していた光緒帝もそれを支持した。

しかし、この「変法自強運動」は西太后によって叩き潰された。関係者は死刑、光緒帝は幽閉されることになった。なぜ史上最悪の「君主」西太后の方が皇帝に勝てたのか？

清も「朱子学」により滅亡の道へ

清の西太后がいかに最低最悪だったか、もう少し続けたい。

清は彼女の浪費のせいで日清戦争に負け、これではいけないと改革に乗り出した人々を彼女は処刑し、皇帝の光緒帝まで幽閉した。この間、欧米列強の理不尽な侵略行為に怒った民衆は、義和団《ぎわだん》という反キリスト教の宗教団体の呼びかけで各地で外国人を殺害し、キリスト教会を焼き討ちした。喜んだ西太后はこの「義和団の乱」を支持する形で、なんと欧米列強とその末席に加わった日本に対し正式に宣戦布告したのである。ここからは国と国との戦争になった。

この一九〇〇年に、手薄だった首都北京を義和団の攻撃から守り抜いた居留民たちの奮闘を描いたのが、オールドファンには懐かしいアメリカ映画「北京の55日」だが、あの映画には実は大きなウソがある。あの時、各国軍をまとめ勝利に導いたのはアメリカの軍人ではなく、日本の柴《しば》五郎《ごろう》中佐であった。

これで日本はイギリスの信頼を得て後の日英同盟につながったのだが、結局西太后は情勢が不利になると、さっさと北京を逃げ出した。その際、光緒帝の皇后珍妃《ちんひ》を殺させ、敗戦の責任は臣下に押し付け、とうとう数年後には光緒帝まで毒殺した（異説もある）。そしてこの翌日、西太后本人も病死した。つまり自分の体が弱ってきたので、権力を奪回されるのを恐れて先手を取ったのだ。珍妃を殺させたのも光緒帝の復権を防ぐためで、要するにこの女は清を散々食い物にしてボロボロにし、何の責任も取らず、自分の権力を保つためには皇帝と皇后まで殺した。それで立派な政治をしたというならまだしも、結局清はこの女のせいで膨大な賠償金を払わなければならなくなり滅亡を早めた。まさに「最低最悪」である。

では、なぜ当時の清の官僚たちは、本当の忠誠の対象である皇帝をないがしろにし、こんな女に従ったのか？　もちろん、彼女が「怪物」であったことはまぎれもない。権力維持には卓越した能力を持っていた。しかしそれだけでは、皇帝がいつまでたっても復権しなかった理由がわからない。

それは康有為の提唱した「変法自強運動」が、保守的な官僚や学者たちに「邪教」だと考えられたからである。何度も述べたように、「祖法」絶対の朱子学世界では合理的な改革ができない。

しかしそれをしなければ国が滅びると考えた康有為は、日本の改革も大いに参考にし、新しい理論を打ち立てようとした。

　日本において渋沢栄一《しぶさわえいいち》が、朱子学に基づく商売や貿易に対する偏見を無くすため「論語《ろんご》に帰ろう、孔子《こうし》は商売が悪だなんて言っていない」という形で、朱子学に毒された人々から経済活動への抵抗感を取り除いたのと同じように、変法に対する抵抗感を取り除こうと考えたのだ。康有為はやはり「朱子など捨てて孔子に帰ろう。孔子は必ずしも祖法絶対とは言っていない」という形で改革を前に進めようとした。

　しかし、これにはやはり無理があった。孔子自身も「述べて作らず（古いものを紹介するだけで新しく作ったりはしない）」と明言している。これは古代には理想的な政治が行われていたが時を経るに従って劣化していった、という儒教の根本精神に基づくものだ。それを朱子学が強化した。だから「祖法」は変えられない。

　おわかりだろう。呪われた哲学いや宗教である「朱子学」によって、清は滅亡への道をたどるしかなかったのだ。

孫文と袁世凱

三民主義のブルジョア革命

西太后《せいたいごう》という最低最悪の君主の下で戦争には負け続け、法外な賠償金を取られ、それが国税ならぬ酷税という形で国民にツケが回ってくる国家、それが当時の清《しん》であった。当然、こんな国家は潰《つぶ》して新しい「中国」を作らねばならぬという思いを持つ人間が出てくる。その一人が孫文《そんぶん》という若者だった。

一八六六年というから明治維新の二年前に孫文は広東省《カントン》に生まれた。客家《ハッカ》の出身である。これは「漢民族だが土着の民では無い他所者《よそ》」という意味で、農業よりも商業に従事する人々であり、華僑《かきょう》も客家出身が多い。孫文もハワイに移住していた兄の下で育ち、キリスト教徒となり、初めは医者の道に進んだが、中華民族の危機に目覚め「革命」を志し「興中会《こうちゅうかい》」という結社を作った。

革命家孫文の誕生だが、彼は普通のタイプの革命家ではなかった。革命家といえば団塊の世代には懐かしいチェ・ゲバラのように、都会を離れた拠点に立てこもった武装兵力の長であり、ゲリラ戦法に巧みな戦術家だろう。しかし孫文はそうではなく、得意の英語を生かして各国を回り、革命の支援を求め、同時に資金を集めるというタイプであった。いわば革命のコーディネーターであり、プロデューサーであったのだ。

その過程で日本にも何度もやってきて宮崎滔天《みやざきとうてん》らの支持も得た。かつて勝海舟《かつかいしゅう》がそうであったように、日本には清や朝鮮も日本と同じように近代化し、共に欧米列強に立ち向かおうではないかという考え方があった。大アジア主義という。滔天はその有力な運動家であった。そして滔天が孫文から聞いた革命への思いが日本で出版されると、ただちに中国語訳が出版され孫文の名は清国内でも革命家として広く知られるようになった。

孫文はお坊ちゃん育ちの楽天家で、人をひきつける魅力の持ち主だった。外見上も穏やかな紳士で革命家に特有な厳格さや暗さはまったくない。アメリカ育ちだから漢民族には根強い女性への偏見もない、もちろんキリスト教徒でもあるから、万人平等であると考えている。だから当然、目指すところは西洋型のブルジョア革命だった。それをまとめて孫文は「三民主義」と呼んだ。三民とは「国内諸民族の平等と帝国主義の圧迫からの独立（民族主義）、民主制の実現（民権主義）、平均地権・節制資本による国民生活の安定（民生主義）の三原則」（デジタル大辞泉）である。高邁《こうまい》な理想と言っていいだろう。問題は本国である清の人々がこれを完全に理解していなかったことだ。

最も肝心なことだが、中国では特にエリートの間には万人平等という思想がない。朱子学《しゅし》は完全に無神論で、無神論であるが故に「神の下での平等」という概念は成り立たず、逆に人間には優れた人間と劣った人間がいて、優れた人間を選別して劣った人間を指導させるのが正しいという考えから、どうしても抜け出せない。つまり西洋流の三民主義では革命の気運が高まらないのだ。

そこで孫文が考えた苦肉の策が、伝統的な漢民族の優越感をくすぐることであった。つまり今の「中国」がうまくいかないのは、野蛮人である遊牧民出身の皇帝が支配しているからだと主張することだ。確かに、これなら清は打倒しなければならないという点で漢民族は一致団結できる。

ただ問題はその先はどうなるか、である。

「オウンゴール」で革命成功

孫文が漢民族を「その気」にさせるために頻繁に使っていたスローガンがある。

「駆《く》除《じょ》韃《だつ》虜《りょ》・恢《かい》復《ふく》中《ちゅう》華《か》・創《そう》立《りつ》民《みん》国《こく》・平《へい》均《きん》地《ち》権《けん》」というもので、三民主義に準ずる四大綱領と呼ばれた。この綱領の二番目は「中華を回復する」であり三番目は「民主国家を創立する」だ。四番目は少しわかりにくいが、土地制度を公平なものとし民生（国民の生活）を充実させるということだ。

ところが一はいただけない。「韃虜」とは遊牧民を指す差別語で、具体的には満洲族を指している。それを「駆除」せよ、というのだ。これは人間が人間に使うべき言葉では無い。「駆除」とはゴキブリや害虫に対して使う言葉だ。しかしそれを使わざるを得なかったほど、漢民族をひとつにまとめるのは大変だったということだ。逆にこの言葉に対する漢民族からの苦情はまったくなかった。これも考えてみれば恐ろしい話で、朱子学という異常な宗教によって高められた差別感情が、それほど強かったということである。

しかし孫文は革命戦士としては有能ではなかった。それどころか彼のプロデュースした蜂起《ほうき》計画は何度も失敗した。詳しくは述べないが、失敗に失敗を重ねて彼の支援者たちがもう無理だと諦《あきら》めかけたほどなのである。ところがなんと革命は成功した。

どうしてそうなったか？　サッカーの試合にたとえて言えば「チーム孫文」のシュートはただの一本も決まらなかったのに、相手の清が「オウンゴール」で勝手に負けてくれたのである。国家の基本的財産に鉄道があるが、度重なる失政で財政が窮乏化した清は、それを担保にして欧米列強からカネを借りようとした。そんなことをすれば借金のカタに鉄道が取られてしまうのは目に見えている。そこでそれまで忠実だった清の官僚や役人あるいは大地主などの支配層も、皇帝に従うのをやめた。

そこで革命勢力は重要都市の南京《ナンキン》を占領することが出来た。そして臨時政府を作ろうとしたのだが、革命勢力は完全にバラバラで統一が取れておらず、このままではまとまる話もまとまらない。そこで当時海外にいたが、中国の革命家として世界的には最も知名度のある孫文を、政府のリーダーとして招こうではないかという話になったのである。

孫文にも異存は無い。当時アメリカにいた孫文は直接中国には戻らず、まずイギリスにわたって新政権の承認を求めた。こういうところが単純な革命家と違う「革命プロデューサー孫文」のセンスのあるところで、当時の世界最強の国家であるイギリスから新政権の承認を受けておけば、日英同盟を結んでいる日本の支持も得られるし、列強との交渉もスムーズにいく。そうした地ならしをしてから彼は香港《ホンコン》に上陸した。その日はちょうどその年一九一一年のクリスマスで、彼を迎える教会の鐘が一斉に鳴り響いたと言われている。そして意気揚々と南京に入った孫文は、革命政府の臨時大総統に推戴《すいたい》され、翌一九一二年一月一日に中華民国の成立を宣言した。

清朝はここですぐ滅んだわけではない。皇帝はあの西太后が死ぬ直前に指名した宣統帝《せんとうてい》（愛新《あいしん》覚羅《かくら》溥儀《ふぎ》）だったが、彼は首都北京の紫禁城に健在である。しかも厄介なことに、国内最大の軍閥の司令官は皇帝を支持する姿勢をとっていた。その男の名は袁世凱《えんせいがい》といった。

「中国第一の天狗」袁世凱

鎌倉《かまくら》幕府を創設した源 頼朝《みなもとのよりとも》は、その前に立ちはだかった後白河《ごしらかわ》法皇を「日本第一の天狗《てんぐ》」と呼んだ。海千山千でしたたかで手ごわい政敵、ということだ。そして、もし頼朝がこの時代に生きていて孫文の立場だったら、袁世凱のことを「中国第一の天狗」と呼んだだろう。

一八五九年の生まれというから孫文より七歳年上である。河南《かなん》省の名門に生まれ最初は科挙合格を目指したが、学問は苦手で一次試験も通らなかった。そこで軍人の道を志し、日本と渡り合ったことでも有名な官僚、李鴻章《りこうしょう》率いる淮軍《わいぐん》に入隊した。ここのところちょっと解説が必要だが、まず体制が整った「中国」では、当然ながら軍は中央にあり皇帝の指揮の下に動く。ところが滅亡寸前の清は中央軍が維持できず、やむを得ず優秀な官僚が出身地で地元の有力者と組み軍団を形成することを許していた。これは平時においては絶対に許されない。言うまでもなく叛乱の温床になるからだ。

しかし、そんなことは言っていられないと、この頃は強い軍団さえ作れるなら何でも許すという形になっていた。袁世凱は軍人としては才能に恵まれていた。特に清の支配下にある朝鮮で西洋式の改革が行われようとした時は、保守的な朝鮮王室の要請を受け改革勢力を叩《たた》き潰《つぶ》した。しかし、その後の日清《にっしん》戦争では装備の近代化が遅れていた淮軍は惨敗し、李鴻章も失脚した。

袁世凱はそれを教訓として、一転して西洋近代化推進論者になり李鴻章から引き継いだ淮軍の強化につとめた。そこに康有為《こうゆうい》の改革を支持していた光緒帝《こうちょてい》から「お召し」があった。宮中から西太后派を一掃するクーデターに参加せよ、という命令である。清国の将来を考えるなら光緒帝に従うべきだったが、そこは「天狗」である。クーデター派が思ったほどの支持を得ていないと気付いた袁世凱は、その動きを密告し改革を潰す側に回り見事に生き残った。しかしその後、義《ぎ》和団《わだん》事件が起こり西太后が欧米列強や日本に宣戦布告した時は、「恩人」の西太后を見限り戦おうとはせず戦力の温存につとめた。

光緒帝も西太后も相次いで死んだとき、袁世凱は一時政権から排除された。新しく即位した宣統帝（愛新覚羅溥儀）の父の醇親王《じゅんしんのう》は光緒帝の弟であり、兄を裏切った袁世凱を憎んでいたからだ。しかし、巨大軍団の長である袁世凱を処刑するような力は、もはや清には残されていなかった。結果的に、一九一一年の辛亥《しんがい》革命の時には袁世凱は政権から排除されたままだったので、無駄な戦いをする必要が無く戦力を温存することができた。本当に悪運の強い男である。

革命が成功し南京に臨時政府ができたところで、北京の清朝政府も背に腹は替えられないと政府高官に抜擢《ばってき》するから革命勢力を討てという命令いや依頼を送った。もちろん、「天狗」はすぐに従ったりはしない。受諾するようなふりをして実は様子を見ていた。革命勢力と清朝とどちらが勝つか、どちらに味方したら得か、じっと見極めていたのだ。

そこに革命政府の臨時大総統である孫文から手紙が届いた。それを読んで袁世凱は目を丸くした。そこには、もし清に従わず皇帝を退位させてくれるなら、その時点で革命政府の臨時大総統の地位を譲ろうと書かれていた。

手玉に取られた孫文と日本

孫文は本気だった。本気で袁世凱が条件を飲むならば、革命政府いや中華民国の臨時大総統の地位を譲るつもりだった。孫文は基本的に「いいひと」である。育ちがいいから無欲でもあった。いや欲があるといえばそれは個人的欲望ではなく、一刻も早く中国を近代化したいという思いであった。自分が権力の頂点に立って栄華を極めようなどという気持ちはさらさらなく、多くの人々の幸せのためなら身を引いてもいいと考えていた。

袁世凱はそれとは真反対の性格であった。自分のことしか頭になく、いかにして自分の欲望を満たすか常にそれだけを考えている。だがそれなりの「悪人」であるが故に、人を見る目はあった。孫文がだまそうとしたのなら、袁世凱は決してだまされなかったろう。だがそれが罠《わな》でも何でもないことを確信した袁世凱は、孫文の申し入れを受けた。条件は清の皇帝を退位させること(殺すのではない！)、そのうえで新しい「中国」となる中華民国が西洋流の民主国家になるために憲法を制定し、議会を作ることだった。袁世凱はそうすると約束したので、孫文はその地位を譲り袁世凱は中華民国の臨時大総統に就任した。

だが、袁世凱が約束を守ったのは清の皇帝を退位させ清朝を滅ぼすところまでだった。その後は自分の独裁権を固めるために憲法を作らせず、議会政治推進のため結成された国民党を孫文から受け継いだ民主派のリーダー宋教仁《そうきょうじん》を暗殺した。袁世凱はなんと新しい中華帝国の皇帝になるつもりでいたのだ。そしてそれを実行した。議会を無理やり解散に追い込み、国号を中華帝国と改め自ら皇帝として即位しようとした。

日本もこの男に手玉に取られた。日本は日露《にちろ》戦争の勝利で獲得した中国大陸における権益を何としても守ろうとしていた。一九一四年に第一次世界大戦が起こると、「日英同盟がある」としてイギリスの敵国ドイツなどに宣戦布告したが、これも狙いはドイツが中国に持っていた権益と、それまで保持していた権益の価値を高めることであった。そのため日本は一九一五年にまだ中華民国大総統であった袁世凱に「対華二十一か条」を突き付けた。まだ体制が固まっていない相手の弱みに付け込もうとしたわけだが、袁世凱はこれを逆手にとって日本の要求を誇大に宣伝し、日本を完全な「悪玉」に仕立て上げることによって、国民の団結を固め自分への不平不満を緩和した。

この「二十一か条要求」はその後の日中関係を徹底的に悪化させた「歴史の分岐点」と評され、確かに日本外交の大きな失策と見るべきものだが、それに対して袁世凱が「創案」した「日本を徹底的な悪玉に仕立て上げ、国民をその憎悪をもって団結させ、合わせて政権への不満を緩和する」という対抗手段は、その後の中国大陸や朝鮮半島に誕生した国家の「お家芸」になったことは改めて認識すべきだろう。

ただし、この「団結」をもってしても袁世凱の皇帝即位は支持されなかった。袁世凱は結局帝政を取り消して一九一六年、失意のうちに死んだ。一方、裏切られた孫文は、その後地方軍閥と提携して袁世凱を倒そうとしたが失敗を重ねた。そして再び国民党を率いて中国を民主国家にすべく奮闘したが、これもうまく行かず一九二五年「革命いまだ成功せず」という言葉を残して病死した。

新しい中国の建国は次の世代に委《ゆだ》ねられた。

蔣介石と毛沢東

軍事が得意な「孫文の弟子」

清《しん》朝を倒し古代からのものとはまったく違う新しい中国、それを作ろうとした孫文《そんぶん》は袁世凱《えんせいがい》の妨害もあり完全には成功しなかった。ここで注目すべきは、日本のように明治維新そして西洋近代化に向けて、中国人は一致団結できなかったことだ。もちろん日本にも、例の島津《しまづ》久光《ひさみつ》のように西洋近代化をかたくななまでに認めなかった人間もいた。しかし、それは極めて少数であり、だからこそ日本は日清《にっしん》戦争にも日露《にちろ》戦争にも勝つことができた。

中国はなぜ西洋近代化の方向で一致団結できなかったのか？　説明の必要はあるまい。朱子《しゅし》学である。日本は久光があくまで少数派であったのに対し、中国は逆にエリートは「オール久光」であった。若くしてアメリカに移住しキリスト教徒となった孫文ですら、朱子学によって高められた漢民族の満洲人への差別感情を利用せずには、辛亥《しんがい》革命を成し遂げられなかった。そして結果的に漢民族の「中華意識」を刺激してしまい、袁世凱に「新しい王朝の皇帝になってやる」という野望を抱かせ、「中国民主主義の父」となるはずの宋教仁《そうきょうじん》を死に追いやってしまった。孫文にとってせめてもの救いは「袁世凱新皇帝」を漢民族ですら支持しなかったことだが、議会制民主主義と近代資本主義の確立は結局、孫文の生存中には実現しなかった。それを曲がりなりにも実現したのが孫文の後継者、蔣介石《しょうかいせき》である。

蔣介石　中国の軍人、政治家。字《あざな》は中正。浙江省奉化県の人。保定軍官学校、日本の陸軍士官学校に学ぶ。一九一一年の革命に加わり、孫文に師事。孫文の死後、国民党中央執行委員、国民革命軍総司令となり、北伐に成功、南京政府の実権を握った。三六年西安事件で捕らえられ、国共合作に同意したが、抗日戦争中も反共政策を強行した。戦後、中華民国初代総統となったが、国共内戦に敗れ、四九年台湾に逃れた。妻の宋美齢は孫文夫人の宋慶齢の妹。チアン＝チエシー。（一八八七〜一九七五）（精選版日本国語大辞典〈小学館刊〉）

この中でキーワードは四つある。「北伐《ほくばつ》に成功」「西安《シーアン》事件」「国共内戦」そして夫人が孫文夫人の宋慶齢《そうけいれい》の妹の宋美齢《びれい》だということだ。順番に解説しよう。

まず「北伐」だが、孫文の弟子ともいえる蔣介石は師匠よりも優れた才能をひとつ持っていた。軍人としての才能である。孫文は軍事はからきしダメで、清朝に対しても袁世凱に対しても完全な勝利を収めたことは一度もない。これに対し蔣介石は軍事は得意中の得意で、戦って勝つだけでなく兵を育てることもうまかった。孫文はそこを買ったのだ。

中国では袁世凱や孫文が死んだあとも、独立武装集団いわゆる地方軍閥《ぐんばつ》が各地を支配しており、南京《ナンキン》や広東《カントン》を拠点とする国民党は一部を掌握していただけだった。新しい近代的な中国を建国するためには、こうした地方軍閥を撃破するか屈服させねばならない。この「孫文ができなかったこと」を成し遂げたのが蔣介石だった。「北伐に成功」とはそのことだ。

しかし、いざそれを成し遂げた時、蔣介石は「前門の虎、後門の狼」とも言うべき二つの強敵に立ち向かわなければならなかった。それは大日本帝国と中国共産党である。そして蔣介石が最後に敗れたのが、中国共産党のリーダー毛沢東《もうたくとう》であった。

歴史の分岐点になった西安事件

蔣介石にとっての二つの強敵である大日本帝国と中国共産党について、彼自身はどう評価していたのか？　実は中国共産党の方を恐れていた。そして蔣介石最大の悲劇は、彼の正しい予測を多くの中国人が認めなかったことだ。多くの中国人は次のように考えていた。

「共産党は最近になって力を伸ばしてきただけの組織で、それほどの脅威では無い。しかし日本は勝手に中国領内に満洲国を建国するなど侵略の姿勢をあらわにしている。国民党と共産党は同じ中国人の組織ではないか。一致団結して外敵である日本を先に叩《たた》くべきだ」。

話は変わるようだが、ロシアのプーチン大統領はなぜウクライナの侵略に踏み切ったのか？　それは自国の領土だけでは海外からの侵略に対応できず、母国の防衛が万全でないと考えたからだろう。「盗人《ぬすっと》にも三分の理」ではないが、侵略する方にも理屈がある。かつてのソビエト連邦は本国の他に「衛星国」として、いわゆる東欧六カ国を抱えていた。こうした緩衝地帯があると母国の防衛は万全になる。実は昭和前期の日本人もそう考えた。

欧米列強の侵略に対抗するためには、日本本土の他に領土や友好国を増やしてこそ、本土の防衛は万全になるということだ。だから台湾を奪い韓国を併合した。しかし強大なロシアの脅威に対抗するためには、中国大陸にも東欧六カ国のような日本に絶対従う国家が必要だと陸軍の強硬派は考え、満洲に目をつけた。満洲族の故郷である満洲は、もともと万里の長城の外にあり漢民族は「中国」と考えていなかった。ただし、そこの出身である満洲族が長城を突破して中国本土を支配したため、その満洲族の王朝が滅んだ後も漢民族は満洲を中国の一部だと考えるようになっていた。

それに対して、あれはもともと満洲族の土地なのだから分離独立させても問題ないと考えたのが陸軍の強硬派で、同じ考えを持っていた清朝の残党を引っ張り出し、清朝最後の皇帝の愛新覚《あいしんかく》羅溥儀《らふぎ》をかつぎ上げて、満洲国皇帝とした。その背景には、多くの犠牲をもって獲得した日露戦争以来の利権を絶対手放したくないという思いがあった。

それは中国から見れば、イギリスに香港《ホンコン》を取られたのと同じく侵略行為だ。しかし蔣介石は、それでも日本より中国共産党と戦うことに熱心だった。おそらくは日本とは最終的に妥協できるが、共産党とは共存できないと考えていたのだろう。ところが、ある事件を境にその考えが一八〇度変わった。西安事件（一九三六年）である。満洲軍閥を率いていた父の張作霖《ちょうさくりん》を日本軍に爆殺された張学良《がくりょう》は、国民党の一員でありながら西安に来ていた蔣介石を襲って拉致《らち》監禁した。そして蔣介石に共産党討伐を中止し共同して日本軍と戦うように要求した。

この事件は極めて謎の多い事件である。今もって真相が解明されたとは言い難い。というのは、この加害者である張学良も被害者である蔣介石も、この時に実際に何があったか死ぬまで語ろうとしなかったからだ。だから結果だけ述べておくと、この後蔣介石は毛沢東の共産軍と組んで日本と戦うようになった。この時点で共産党は崩壊寸前だったのだが、この西安事件のおかげで滅亡を免れたばかりでなく、最終的にどちらが中国を支配するかの戦い「国共内戦」に勝つことが出来た。

まさに西安事件は歴史の大きな分岐点だったのだ。

日本と戦う夫を支えた宋美齢

西安事件以後、それまで「親日」とは言えないまでも「反日」では無かった蔣介石の態度が一変し、日本を敵視するようになった。そして日本はドイツと同盟し英米を敵とする路線を進んだので、ますます蔣介石を英米側に「追いやる」結果となった。

日本が日英同盟以来の協調路線を捨てたことを一方的に非難する歴史家もいるが、イギリスは当時もインドや南アジアの国々を植民地とし、多くの人々を苦しめていたことを忘れてはいけない。日本にはこれらの人々を解放しようという理想があった。当時の国連つまり国際連盟の委員会（最高意思決定機関）に、人類史上初めて人種差別撤廃を提案したのは他ならぬ日本である。一九一九年のことだ。

しかし、この提案は当時のアメリカ大統領ウッドロウ・ウィルソンの画策によって葬り去られた。アメリカには人種差別を容認する人々が大勢いて、ウィルソンに圧力をかけたからだ。また

「人種差別大国」であったオーストラリアも陰で妨害した。それゆえ、このとき日本人に限らず世界中の人々は「英米豪が戦争にでも負けない限り植民地解放も人種差別撤廃も実現しない」と考えた。後に日本が英米と戦った時「鬼畜米英」というスローガンを掲げたのも、それなりの理由あってのことなのだ。

ちなみに中国は昔も今も「自分だけ」の国家で、世界平和とか人種差別撤廃などを世界に訴えたことは一度もない。逆に日本は理想を掲げたからこそ、多くの人々が軍部の行動を支持したのである。「五・一五事件」（一九三二年）で政党政治の象徴である犬養毅《いぬかいつよし》首相を暗殺した犯人が、実は一人も死刑になっていないことにも注目していただきたい。一〇〇万通以上の減刑嘆願書が国に届けられたからだ。軍部が勝手に国を動かしたのではなく、その背景には大勢の国民の支持があった。

しかし満洲国建国はやり過ぎであった。実はこれも同じ一九三二年（昭和七）の出来事で、その背景には「日露戦争の犠牲者の死を無駄にしてはならない」という強い思いがあった。しかし中国人から見れば、日本は「アジア解放を唱えながら実際は中国を侵略しているウソつき」ということになる。結局、満洲問題では日本は中国にまったく譲らず、中国はそれを絶対に認めないから、蔣介石は英米側と組んで日本と戦う方針に転じた。

ここで大活躍したのが彼の妻、孫文の妻宋慶齢の妹にあたる宋美齢で、アメリカで教育を受けた彼女は美人で英語が達者だった。そこで日本が大嫌いなフランクリン・ルーズベルト大統領の支援のもとに、アメリカ各地を遊説して回り「日本というファシズム国家が中国を侵略している」と訴え、アメリカの世論を完全に中国支持に変えた。
この先はご存じの通りだが、結局日本は一九四五年（昭和二〇）、ルーズベルト大統領の死後に副大統領から昇格したハリー・トルーマン大統領の決断で、二発の原爆攻撃を受け力尽きて降伏した。ちなみに日本への原爆投下を決断したのは民主党で、反対したのが共和党である。トルーマンも民主党の大統領だ。
日本が降伏したのは連合国に対してだから、中華民国は戦勝国となった。しかし蔣介石の栄華はそこまでだった。彼を上回る戦略家が日本との戦争で国民党を弱らせ、そこを叩くことで「漁夫の利」を占めようとしていたからだ。もちろんそれは中国共産党の指導者、毛沢東である。

「長征」で戦力温存した共産党軍

蔣介石の中華民国を撃破して現在の中華人民共和国を建国した毛沢東とはいかなる人物か？

中国の政治家・思想家。湖南省の人。一九二一年、中国共産党の創立に参加。三四年から長征を行い陝西《せんせい》省延安に移動。日中戦争には国共合作し、抗日戦を指導して勝利。戦後は蔣介石の国民党軍を破り、四九年中華人民共和国を建国。国家主席・党中央委員会主席に就任して新中国の建設を指導した。六六年、文化大革命を起こすが、死後その誤りを指摘された。マオ＝ツォトン。（デジタル大辞泉より抜粋）

キーワードを挙げるなら「長征」「国共合作」「建国」「文化大革命」だろう。「長征」とは一九三四年、蔣介石の率いる国民党軍に殲滅《せんめつ》されそうになった中国共産党軍が、毛沢東の強力なリーダーシップの下に中国奥地に大移動し、戦力を温存したことである。この困難な大移動の中で共産党員の団結が強固なものとなり、毛沢東もその地位を確立した。

「国共合作」は国民党と共産党とが協力して日本と戦ったことだが、実際には本格的な戦闘は国民党軍にやらせ、共産党軍は毛沢東の指導の下に戦力を温存した。そして日本が降伏すると、日本との死闘で疲弊していた国民党軍を攻めた。共産党軍には共産主義国としての「先輩」ソビエト連邦から強力なバックアップがあった。それに対して、国民党軍はアメリカからほとんど軍事援助を受けられなかった。これでは勝てない。蔣介石は台湾に中華民国を移転せざるを得なかった。一方、毛沢東は四九年一〇月一日に中国共産党主席として北京《ペキン》の天安門《てんあんもん》広場で、中華人民共和国の建国を宣言した。

日本に原爆を投下したアメリカのトルーマン大統領は、前任のルーズベルト大統領と違って反共主義者だった。共産主義は真の民主主義とは相容《あいい》れないという立場で、対決姿勢を初めて鮮明にした大統領でもある。ならばブルジョア革命の後継者である蔣介石の国民党を全力で応援すべきだろう。現在のアメリカのジョセフ・バイデン大統領もナンシー・ペロシ下院議長も、中華人民共和国から台湾を絶対に守るという姿勢を示しているが、このとき蔣介石政権を強力に支援しておけば、中華人民共和国は誕生しなかったかもしれないのである。

アメリカの外交史における最大の失敗かもしれない「蔣政権への援助打ち切り」はなぜ起こっ

たのか？　実はソビエト連邦の毛沢東への支援を単なる軍事援助ではなく「強力なバックアップ」と書いたのは、この時代、アメリカにソビエト連邦のスパイが多数潜り込んでおり、トルーマン大統領が蒋政権を見限るように工作したと言われるからである。

しかし、アメリカが蒋介石を見捨てたのは他にも理由があった。政権、いや国家としての腐敗堕落である。国民党統治下の中国では、軍人の民衆への略奪暴行や官吏の汚職が絶えなかった。これは後にベトナムやアフガニスタンなど、アメリカがバックアップした自由主義政権で必ず起こった現象といってもいいが、自由主義経済だとどうしても資本家の活動によって貧富の差が拡大し、下級兵士や官吏のモラル低下を招く。これに対して、共産党は経済的平等を優先し政権を握るまではモラルも高いので民衆の支持を集める、という皮肉な現象が起こるのである。

一言で言えば国民党の蒋介石は中国の近代化に失敗した、ということだ。

大陸からの攻撃をはね返した国民党

では毛沢東は蒋介石が失敗した中国近代化に成功したのか？　それを語る前に、台湾に移動した中華民国の、その後を述べておこう。

アメリカは蒋介石を見捨てた。台湾という小島に立てこもった国民党が、大陸を制した中華人民共和国軍に勝てるわけがないと考えたのだ。ところが蒋介石は、大陸からの攻撃を見事にはね返し台湾を守った。古寧頭戦役《こねいとうせんえき》（一九四九年）である。多くの日本人は知らないが、その陰には実は旧日本軍の優秀な軍人の指導があった。蒋介石が招聘《しょうへい》したのだ。台湾は今でもこのことに深く感謝している。

そもそも台湾は清朝《しん》の時代は「見捨てられた島」であった。インフラもなく疫病が蔓延《まんえん》し、文明に浴さない先住民族が強い力を持っていた。ところが今は世界有数の工業国、そして民主主義国家として発展している。それは日本が統治したからである。これについては韓国もイギリスが統治した香港もすべて同じだが、先進国の支配を受けることによってインフラが整備され、教育が普及し国民のレベルが上がった。だからこそ、大陸では不可能だった近代化がいち早く実現したわけだ。

大陸から台湾に逃げていった国民党の人々（外省人《がいしょうじん》と呼ぶ）は、日本統治下で優秀な技能とモラルを身につけた人々（本省人《ほんしょうじん》）と反りが合わず、武力で弾圧したこともあった。だがそのうち本省人のレベルの高さを尊重するようになった。言論弾圧などはその後も続いたが、特筆すべきは蔣介石の後を継ぎ総統となった息子の蔣経国《けいこく》が権力の世襲に終止符を打ち、自分の身内でも外省人でもなく昭和二〇年までは「日本人」だった李登輝《りとうき》の政権への道を開いたことである。この結果、自由で民主的な台湾への道が開けた。

李登輝総統には私も直接お会いしたこと（二〇〇七年二月）があるが、日本の台湾統治がイギリスなどの植民地支配とは違い大変公正で優れたものであり、自分自身も京都帝国大学で学べたことを深く感謝していると述べていた。

しかし、中国本土は共産党の支配下にある。世界最大の人口を有する中華人民共和国は軍事的にも経済的にも無視できない巨大な存在である。そこでアメリカは一九七一年、当時のリチャード・ニクソン大統領が中華人民共和国の承認に踏み切ることを決意し、翌七二年には中国を電撃訪問し毛沢東中国共産党主席と会談した。アメリカは中華民国（台湾）ではなく中華人民共和国を「ひとつの中国」と認めたのである。

またそれまで、国連の常任理事国も中華民国だったが、七一年以降は中華人民共和国がその座に就いた。ただしアメリカは中国（これ以降は中華人民共和国の略称として用いる）が武力で台湾を併合することのないように、台湾関係法を定めて台湾を援助する姿勢は崩さなかった。ちなみに日本は「バスに乗り遅れるな」とばかりに、ニクソンに続き田中角栄《たなかかくえい》首相が訪中し「日中国交回復」を実現した。

毛沢東はライバルの蔣介石に圧勝した。古寧頭戦役には勝てなかったが、中国を統一し国連の常任理事国としアメリカにも中国人の唯一の政府として認めさせた。では毛沢東は中国最大の英雄で、その功績は比類の無いものとして高く評価すればいいのか？

残念ながら私はそうは思わない。なぜなら毛沢東は文化大革命という、すべての功績を帳消しにしても足りないほどの大愚行、大蛮行をやったからである。

中国史上もっとも中国人を殺害

文化大革命とは、毛沢東が強行した中国史上、いや人類史上最大の愚行であり、中国人大虐殺であった。それがどういうものであったか、ここは敢《あ》えて日本でもっとも「親中派」とされる朝日新聞社発行の用語集『知恵蔵』の記述を引用しよう。ただし、かなり長文なので肝心なところだけ抜粋する。

文化大革命　一九六六年夏から一〇年間にわたって繰り広げられた熱狂的な大衆政治運動。毛沢東自ら発動し、中国では「無産階級（プロレタリア）文化大革命」といわれた。「造反有理」（謀反には道理がある）を口々に叫んだ紅衛兵運動に始まり、指導者の相次ぐ失脚、毛沢東絶対化という一連の大変動によって、中国社会は激しく引き裂かれ、現代中国の政治・社会に大きな禍根を残して挫折した。文革には共産党内部の権力闘争と、その大衆運動化という二重の性格があり、悲劇は拡大した。文革中の奪権闘争や武闘で約二〇〇〇万人もの死者が出たともいう。

おわかりだろう。日本の親中派の巣窟《そうくつ》ともいえる朝日新聞社ですら断定は避けているものの、二〇〇〇万人もの中国人が文化大革命の名において虐殺されたことを認めているのだ。実は、自由なマスコミや報道機関が存在しない（させない）ことをいいことに、自らの誤りについては必ず隠蔽《いんぺい》する中国共産党ですら、「約四〇万人の死者と一億人の被害者」がいたこと、「中華人民共和国の創設以来、最も厳しい後退」であったことを公式に認めている。

毛沢東が極めて悪辣《あくらつ》なのは、この大虐殺を「紅衛兵《こうえいへい》」と名付けた青少年にやらせたことである。アドルフ・ヒトラーも使った手だが、純真な青少年を一方的な「教育」で洗脳し自らの政治目的の手先に使うことは、私は仮に目的が正しかったとしても、人間として政治家として絶対にやってはいけないことだと考えている。ましてや、この文化大革命、目的が正しいどころか、毛沢東自身のミスをごまかし反対派をつぶすために行われたことであった。そのミスとは、これも中国史上最大の愚行というべきだが、大躍進政策である。毛沢東は農業や生物学の専門家ではないのだが、国力をつけるためには農業を盛んにし食料を増産すべきだと考え、「農作物を食い荒らす」ネズミ・ハエ・蚊・スズメを撲滅すべきだと考えた。四害駆除運動という。

念のためお断りしておくが、これは冗談でなく本当にあった話なのだが、毛沢東は農業の敵として特にスズメをやり玉に上げ、国民に見つけ次第すべて殺せと命令した。国民はその命令を忠実に守った。結果どうなったか？　実はスズメは害虫を食べてくれる益鳥でもあるのだが、本当に中国国内からスズメがいなくなったために生態系が崩壊し、大飢饉《ききん》が起こった。その結果、少なくとも数千万の中国人は餓死したはずなのだが、その数字は公表されていないので明確ではない。

だがそれが大失敗であり、毛沢東に国民の恨みが集中し、政敵にも権力奪取のチャンスが生まれた。それを叩き潰し自分の権力を絶対化するために、物事の判断力がまだ形成されていない青少年を使って、毛沢東は文化大革命を強行したのだ。つまり大躍進政策の犠牲者も含めれば明らかなことだが、中国史上もっとも中国人を殺したのは他ならぬ毛沢東なのである。

しかし、今でも中国の天安門広場には革命の英雄として毛沢東の肖像が飾られ、各地には銅像が建てられ、紙幣の肖像も毛沢東である。これが中国という国の姿である。

中国共産党とは何か

「多少の悪事」には目をつぶる国民

共産主義国家の最大の問題点は「自国民を殺す」ことだろう。敵ではなく味方を殺すのだ。殺し方には二つあって、「粛清」つまり「反対派をすべて処刑する」ことと「人民を餓死させる」ことである。

「ホロドモール」というウクライナ語はご存じだろうか。ホロコーストがヒトラーの「ユダヤ人大虐殺」を指すのに対し、ホロドモールはソビエト連邦の独裁者、ヨシフ・スターリンが多数のウクライナ人を餓死に追いやったことを指す。しかし、ウクライナと言えば今も昔も穀倉地帯で小麦の輸出国なのに、なぜ大量の餓死者を出したのか。大飢饉《ききん》でもあったのか？　実は全くなかった。いつもと同じように大量の小麦を収穫したのに、当時ウクライナはソビエト連邦の一部だったため、独裁者スターリンに収穫をすべて取り上げられてしまったのだ。では、なぜスターリンはそんなことをしたのか？　中国の「大躍進政策」とおなじで、農業でも工業でもスターリンは大失敗した。それをごまかすためにウクライナの収穫をすべて取り上げ、一部はロシア人に供給し、残りは輸出して外貨を稼ぎ自己の権力を強化した。

だから、ソビエト連邦が崩壊した時、全国各地に立っていたスターリンの銅像が多くの市民によって引き倒された。今スターリンの名を誇りにする人間は、ロシア人の中でも少数派だろう。

しかし、毛沢東《もうたくとう》は違う。「餓死させた自国民」の数は「第一位」のスターリンすら遠く及ばず、おそらく中国が世界制覇でもしない限り、この「記録」は破られることはないだろう。数千万人の餓死者には当然遺族や親戚《しんせき》がいる。つまり被害者の数は数億人に達しても不思議はない。それなのに、毛沢東の銅像を引き倒そうという中国人はいない。これが同じ共産主義国家でもソビエト連邦（現ロシア）と中国の決定的な違いだ。では、この違いはどこから来るのか？

まずは中国人という人種は「超」のつく現実主義者だということだろう。過去に何千万人殺そうとそんなことは関係ない。問題は今生きている自分にとって、今の政権は「役に立つ」か、どうかだ。そういう視点から言うなら、中国共産党は歴史上初めて中国を「全国民が食える国」にした。かつてのウクライナや今の北朝鮮で起こっているような餓死は完全に追放された。これはやはり中国史上に燦然《さんぜん》と輝く不滅の功績というべきで、そのきっかけを作ったのが毛沢東だから「多少の悪事には目をつぶって」評価する、ということだ。

しかし、「普通の国」なら功績は認めても批判はされるだろう。されないのは何故かといえば、中国は言論が自由な民主主義国ではないからだ。しかし「衣食足りて礼節を知る」ではないが、人間は食うに困らなくなれば次に自由を求め、結局その国は民主主義国になるというのが「世界の常識」ではなかったか。その常識があったればこそ、ＥＵもアメリカも日本も中国を支援してきたのではなかったか。

実は中国には民主主義の採用を徹底的に阻害する要因がある。その阻害要因については何度も述べたところだが、ここで改めてどうしてそうなるのか考えてみよう。

まずは民主主義を発展させるのに最も重要な基本的条件は何だろうか?

「皇帝」になる習近平

民主主義にとって一番大切なのは、自由ではない。すべての人が「すべての人間は平等である」と認めることである。平等だと認めて初めて、お互い対等な人格なのだから相手の思想や行動を尊重すること、つまり「言論の自由」「結社の自由」が認められる。

昔はそうではなかった。昔と言ってもそんな昔ではなく、日本も約一五〇年前の江戸時代までは、武士は「百姓町人の分際で御政道に口を出すな」と威張っていた。それは日本だけではなく世界でも常識だった。

その常識はなぜ変わったのか。まずフランスでキリスト教の新解釈が定着したからだ。それまで国王は神に選ばれた特別な存在だった。しかし「聖書」を読めば神という偉大な存在の前では、人類は等しく弱く愚かな存在に過ぎない。つまり「人間はすべて平等だ」という信念が生まれた。だからフランス人は国王の悪を追及し、ギロチンにかけた。その信念はイギリスの植民地として圧迫されていたアメリカの人々も同様で、彼らは「すべての人間は生まれながらにして平等であり、その創造主(神)によって生命、自由および幸福の追求を含む不可侵の権利を与えられ」ている、という「アメリカ独立宣言」(一七七六年)を発して合衆国を建国した。

では、キリスト教国ではない日本はどうしたか？　幸いにも天皇がいた。吉田松陰《よしだしょういん》らが天皇を「神の座」まで押し上げ、将軍も関白も庶民も「天皇の前では平等」になった。だからこそ朱子《しゅし》学の定義した身分制度「士農工商」も廃止することが出来た、四民平等（市民平等ではない）の達成である。

では中国は？　中国人はキリストも、神の子孫である天皇も認めない。孔子《こうし》が言ったようにそんな「怪力乱神」は合理的な証明が不可能な迷信だからだ。そんな「合理的」な中国人が唯一信じる「超自然的存在」は「天」だが、「天」は極めて優秀な人間を一人だけ選び下界に派遣はしてくれるが、当然ながら、その「天子＝皇帝」が他の人々と平等ということはあり得ない。

そもそも人間は優秀な者もいれば愚鈍な者もいる。それが現実だ。だから「人格を完成させる唯一の手段である朱子学」の習得度をペーパーテスト（科挙）で測り、合格した「優秀な者」は官僚として「最も優秀な者」である皇帝を補佐し、愚かな大衆を指導させれば良い。これが最も合理的だと近代以前の中国人は考えたのである。

そして、そのシステムが西洋文明の前に崩壊した時、国を立て直すにあたって中国人が最終的に選んだのは、民主主義ではなく共産主義だった。第一に共産主義は無神論で「神などという迷信」に惑わされていない。第二に「資本家は本質的な悪」とする考え方は、「商売は悪」という伝統的な考え方と一致する。そして第三はもうお分かりだろうが、優秀な者（＝共産党員）が愚かな大衆を指導するのがもっとも合理的だからだ。つまり絶対に一人一票が大前提という社会にはならない。そして、その共産党員のトップは「最も優秀な者」だから新しい「皇帝」になる。

習近平《しゅうきんぺい》国家主席である。

これが「絶対に民主化しない」中国である。共産党のエリートから見れば香港《ホンコン》の民主派は「迷信に基づく民主主義というカルト宗教」に洗脳された哀れな犠牲者である。当然、「合理的」な共産主義のもとに「矯正」するのが正義になる。

おわかりだろう。中国は今後も民主化することはあり得ない、のである。

あとがきにかえて

本書で取り上げた中国史の項目の中で一つ補うべきものがあるとすれば、それは太平天国《たいへいてんごく》の乱（一八五一～一八六四）かもしれない。清朝末、後の孫文と同じ客家《ハッカ》の出身で科挙の落第生であった洪秀全《こうしゅうぜん》が華南を中心に起こした大反乱である。

一時は南京を陥落させ天京《てんきょう》と改め首都とするほどの勢いであった太平天国の乱は、指導者洪秀全が「キリストの弟」と称しキリスト教を大胆に取り入れ、男女平等や土地の公正な分配を行おうとしたことで知られている。当然、彼らの建国した「太平天国」という国号の「天国」は、キリスト教の「天国」から取ったことも良く知られている。

では「太平」はどこから取ったのか？　実は儒教なのである。儒教の中で伝説的な名君として知られる周公の理念であったとされる「大同思想《だいどう》」によって完成する理想国家、その状態を「太平」と呼ぶ。では大同思想とは何かといえば、「孔子が描いたといわれる理想世界の構想。『礼記』の礼運編にみられる。大同とは、天の公理に基づき、人心が和合し、よく治まった、あらゆる差別のなくなった至公無私の平和な社会をいう。清末に康有為は『礼運注』や『大同書』などの著作で、大同を春秋公羊学の張三世説と組合せ、変革の理論をつくり出した」（ブリタニカ国際百科事典より一部抜粋)。

実は康有為だけではない、もちろん洪秀全も孫文も毛沢東もこの思想について言及している。

それればかりではない。二〇二二年秋の中国共産党第二〇期中央委員会第一回全体会議で異例の三選を果たして総書記となり、権力の座を盤石のものとした習近平国家主席も、これを思想教育の根幹に据えている。

その一ヶ月後に放映されたNHK BSのスペシャル番組「〝紅い思想教育〟習近平総書記 三選の礎」では、習体制絶対の下の党学校で共産党の幹部候補生が何を教えられているかを詳しくレポートしていた。その中の授業の講師の言葉を引用しよう。


「中国はなぜ先進的なのか? 中国共産党の指導は中国の特色ある社会主義制度の最大の強みがあるからです」

「我々の祖先には大きな知恵がありました。

周公はすばらしかった、徳も才能も実に素晴らしい人物でした。現在でも私たちは法に基づく統治と徳による統治を結合させています。庶民を大切に守り保護する君主に徳がありま す。そのような人物が天の御加護を受け初めて王となるのです。わが党の指導的地位は中国五〇〇〇年の歴史から生まれた結果です」


なんと天人相関説そのままではないか。だから、中国の共産主義はソビエト連邦で滅びた「粗雑な」ものとは違うホンモノなのであり、習主席は天に選ばれた天子すなわち「中国皇帝」なのである。

ところがこの授業、質疑応答は一切なかった。取材者がその点を正すと質疑応答の必要は無い、との答えが返ってきた。これは絶対に正しい真理であり、宗教という迷信に惑わされた民主主義と違ってまさにホンモノなのである。だから、疑問を呈することなどありえない。

番組に登場した或《あ》る共産党員の言葉も大変興味深かった。それもそのまま紹介しよう。

「『赤い遺伝子』を受け継がせるという習主席の指示は、一人一人の血液の中に『赤い遺伝子』を注入することです」

「例えば香港で暴動が起きたのは正しい（共産党の）初心が教えられなかったからです」

ここでもう一度民主主義の成立条件を思い出していただきたい。基本は簡単なことで「すべての人間は平等である」との信念が確立しているかどうか、だ。

お分かりのように、中国は古代から現代に至るまでそれが存在しないし、万人平等という概念は「宗教という迷信」に基づくものだから、中国人は幻想であり価値がないと信じている。財産は平等に分けるとしても、それは優れた人間の劣った人間に対する優越感に基づく義務であっても、人間を能力の優劣で区別してはならないという民主主義精神ではない。

そして始末の悪いことに、中国人は自分たちは他の国と違って、迷信に惑わされていないから、世界一の国家だと思い込み、民主主義国家の長所を学ぼうとは絶対に考えない。そもそも民主主義には長所など無い、というのが彼らの精神である。

おわかりだろう、中国は絶対に民主化しない国なのである。

本書は「夕刊フジ」に連載された「絶対に民主化しない中国の歴史」（二〇二二年四月五日～二二年九月三日）を単行本化したものです。
「あとがきにかえて」は書き下ろしです。

図版作成／小林美和子

井沢元彦（いざわ　もとひこ）
1954年、名古屋市生まれ。早稲田大学法学部卒業後、TBSに入社。報道局在職中の80年に、『猿丸幻視行』で第26回江戸川乱歩賞を受賞。退社後、執筆活動に専念。独自の歴史観からテーマに斬り込む作品で多くのファンをつかむ。著書は『逆説の日本史』シリーズ（小学館）、『英傑の日本史』『動乱の日本史』シリーズ、『天皇の日本史』『お金の日本史　和同開珎から渋沢栄一まで』『お金の日本史　近現代編』（いずれもKADOKAWA）など多数。

絶対《ぜったい》に民主化《みんしゅか》しない中国《ちゅうごく》の歴史《れきし》

2023年１月26日　初版発行

著者／井沢元彦《いざわもとひこ》

発行者／山下直久

発行／株式会社KADOKAWA
〒102-8177　東京都千代田区富士見2-13-3
電話　0570-002-301（ナビダイヤル）

印刷・製本／大日本印刷株式会社

ISBN 978-4-04-400710-2　C0022